일본 근대화의 명암을 따라
메이지 유신을 걷다

메이지 유신을 걷다

일본 근대화의 명암을 따라

손승철 지음

역사인

들어가며

메이지 유신을 걷다
: 사람 만들기의 길

누가,
어떤 시대적 상황 속에서,
무슨 생각으로
어디서,
어떻게,
메이지 유신을 추진했는가

역사는 점·선·면의 스토리텔링이다. 한 사람의 선택, 하나의 사건은 '점(點)'이다. 이 점들이 이어져 '선(線)'을 만들고, 선이 확장되어 거대한 역사의 '면(面)'에 역사상(歷史像)을 그린다. 메이지 유신 또한 그러하다. 몇몇 유신 지도자들의 결단에서 시작된 점은 수많은 선택의 연속에서 일본의 국가 운명을 바꾸는 선이 되었고, 마침내 동아시아 전체를 뒤흔든 일본 근대화의 그림을 그렸다. 그러나 이 그림은 제도나 기술만으로 완성되는 것이 아니었고, 인간이 자기 운명을 어떻게 사고하고, 어떤 결단을 내렸는가에 대한 실존(實存)의 서사(敍事)였으며, 그것은 결국 '사람 만들기의 길'[人づくりの道]이었다.

'사람 만들기(人づくり)'란 메이지 유신 시기에 일본이 근대 국가로 도약하기 위해 국민 개개인을 '근대적 국민'으로 만드는 국가 프로젝트였다. 그것은 단순히 제도와 기술을 바꾸는 것을 넘어, 일본인 한 사람 한 사람의 사고방식·가치관·행동양식을 변화시킨 사회개혁이었다. 그리고 그것을 계획하고, 실천해 갔던 정치적 리더의 길이었고, 일본 근대화의 길이었다.

19세기 중엽, 일본은 외부의 거센 충격에 직면했다. 1853년 페리 흑선의 에도만 출현으로 200년 동안 닫혔던 쇄국 체제에 큰 혼란을 가져왔다. 조선이나 청나라처럼 열강에게 맞서 싸우느냐, 아니면 스스로를 바꾸느냐. 이 문명사적 질문 앞에서 일본은 후자의 길을 택했다. 그것이 바로 메이지 유신이다. 이는 단순한 정치권력의 교체만이 아니라, '국가의 생존'을 건 개혁이었고, 그 개혁의 중심에는 사상가이자 실천가였던 유신의 정치적 리더들이 있었다.

우리에게는 정한론(征韓論)의 원조로 부정적인 인물로 알려져 있지만, 메이지 유신의 정신적 지도자였던 요시다 쇼인[吉田松陰]은 유신을 이끌어 갈 인재를 양성하면서, 단순한 지식이나 기술보다는 먼저 정신적 자세와 윤리적 각성을 강조했다. 그는 다음 4가지 정신을 통해 시대를 이끌 지도자가 갖추어야 할 인생관과 가치관을 가르쳤다.

입지(立志) - 지성(至誠) - 비이장목(飛耳長目) - 사이후이(死而後已)의 정신이다. 먼저 뜻을 세우는 것이 만사의 근본이며, 지극한 진심과 성실함으로 실천할 것이며, 멀리 있는 소리도 듣고, 내다보는 안목과 통찰력을 갖고, 죽을 때까지 멈추지 않고 관철해 가는 정신이다. 단순한 충성심과 사심(私心)을 넘어서, 정의(正義)와 대의(大義)를 위해 자기희생을 감수하는 시대정신(時代精神)이며, 이념과 비전이다. 변화의 시대를 살아가는 '사람 만들기'의 철학이다. 메이지 유신의 길은 이렇게 만들어진 사람들이 남긴, 유적과 유물의 증언을 듣는 길이다. 역사는 유적과 유물을 남기고, 유적과 유물은 역사를 증언하니까 말이다.

유신의 길, 그 출발점은 하기였다. 조슈, 사쓰마, 히젠, 도사 등 규슈와 도사의 번주국에서 출발한 젊은 지사(志士)들은 도쿠가와 체제의 한계를 직시했다. 그들은 서양의 기술과 군사력에 경악하면서도, 일본의 정신과 문화적 뿌리를 지키기 위해 무엇을 어떻게 바꾸어야 할지를 고민했다. 사카모토 료마[坂本龍馬]는 '막번체제의 폐지와 근왕'을 절묘하게 결합시켰고, 사이고 다카모리[西郷隆盛]는 '도덕적 유신'의 정수를 보여주었다. 기도 다카요시[木戶孝允]와 오쿠보 도시미치[大久保利通]는 실용주의자로서 강력한 중앙집권과 서양식 제도의 도입을 추진하며 일본을 근대국가로 이끌었다.

그들이 품었던 비전은 문명개화(文明開化), 부국강병(富國強兵), 식산흥업(殖産興業)이었다. 이것이 바로 일본의 근대화(近代化)다. 이 목표는 단순한 슬로건이 아니었다. 그것은 일본이 더 이상 동양의 '변방국가'가 아니라, 서구 열강과 어깨를 나란히 하는 '문명국가'로 서기 위한 선택이었다. 이를 위해 그들은 신분제도와 사무라이 계급의 특권을 폐지하고, 행정 시스템과 근대적 교육, 군제를 개편했다. 그러나 급진적 개혁은 내부로부터의 반발을 불러왔고, 결국 일본 최대의 내전인 세이난[西南] 전쟁으로 폭발했다.

이러한 격변의 흐름이 하기와 시모노세키, 나가사키, 구마모토, 가고시마와 그 인근 지역에 유적과 유물을 남겼다. 메이지 유신을 책으로만 이해하는 것은 반쪽 공부에 불과하다. 유신을 이끈 인물들이 살아 숨 쉬던 도시, 무기가 불을 뿜던 전장, 사상이 태동하던 사숙(私塾)과 서양 기술이 이식된 산업시설을 직접 발로 밟으며, 우리는 그들의 결단이 얼마나 고통스럽고 절실했는지를 체감하게 된다.

나는 여정을 야마구치현 하기(萩)에서 시작했다. 조슈번의 중심지였던 이곳은 근대 일본 사상의 진원지였고, 메이지 유신의 발화점(發火點)이다. 요시다 쇼인의 쇼가손주쿠[松下村塾]에서 조슈화이브에게 시대정신이 무엇인가를 말해줬고, 비이장목(飛耳長目)을 위해 영국으로 밀항했다. 다카스키 신사쿠[高杉晋作]가 창설한 '기병대(奇兵隊)'는 신분을 넘어선 민병대였고, 무사와 농민, 상인이 함께 참여한 이 실험은 신분제 폐지의 상징이었다. 그가 사무라이의 칼을 차고 궐기했던 공산사(功山寺)에 들어서면, 들불처럼 퍼졌던 결의가 정적 속에서도 살아 있는 듯 느껴진다. 그는 회천(回天)을 부르짖으며 조슈의 개혁을 추진했고, 궁극적으로 막부 체제의 종말을 앞당기며 세상을 바꾸어갔다.

개국의 의지는 시모노세키(下関)에서 선명히 드러난다.

이곳은 조슈번이 구미 열강에게 처음으로 양이(攘夷)의 대포를 겨눈 장소이자, 일본이 쇄국(鎖國)의 문을 연 길목이었다. 1863년, '존왕양이(尊王攘夷)'의 기치를 든 조슈는 시모노세키 해협을 지나던 외국 상선을 공격했고, 이듬해 미국·영국·프랑스·네덜란드 4개국 연합 함대가 조슈 연안을 포격했다. 바로 시모노세키 전쟁(下関戦争)이었다.

이 전쟁은 조슈의 패배로 끝났다. 그러나 패배는 곧바로 생각의 전환을 가져왔다. 강대국의 함포 앞에서 전통적인 무력 저항의 한계를 절감한 조슈는 진정한 양이를 위해서는 서구 문명을 배워야 한다는 새로운 길을 택하게 된다. 이때부터 조슈 내부에서는 개국과 개혁을 지지하는 목소리가 힘을 얻었고, 이 소리는 전국으로 퍼져 나갔다.

그 결과 시모노세키는 쇄국양이에서 개국양이로 방향을 트는 상징적인 장소가 되었다. 닫혀 있던 나라가 처음으로 세계의 목소리를 들었고, 스스로 어떻게 변화할 것인가를 묻기 시작한 자리였다. '혼란과 대립'이 '타협'을 통해 '삿초·삿토동맹과 연대'를 만들었고, 체제를 바꾸는 '대정봉환'과 '왕정복고'를 달성하며 유신의 시대를 열어갔다. 오늘날 시모노세키 해협을 내려다보면, 바다 건너 들려오던 함포 소리가 '쇄국과 배척'이 아닌 '변화와 수용'의 서곡으로 울려 퍼졌음을 느끼게 된다. 여기서 일본은 새로운 점을 찍고 근대국가를 수립하고 개혁의 길을 달려갔다.

간몬대교를 건너 기타규슈의 야하타 제철소(八幡製鐵所)에 이르면 메이지 시기의 산업시설을 만난다. 2015년, 유네스코는 '메이지 일본의 산업혁명 유산'을 세계문화유산으로 등재했다. 이 유산군에는 메이지 시기에 일본이 서양의 과학기술을 받아들이며 단기간에 이룩한 산업화의 현장들을 보여준다. 총 23곳에 이르는 이 유산들은 규슈, 야마구치, 시마네, 이와테, 니가타 등지에 분포하며, 제철, 조선, 석탄, 기계산업의 중심지이자 메이지 유신의 산업 기반을 이룬 핵심 현장이다.

그 대표적인 시설로 기타큐슈의 야하타 제철소, 나가사키(長崎)의 미쓰비시 조선소(三菱造船所)와 구라바엔(グラバー園), 가고시마(鹿児島)의 쇼코슈세이칸(上古集成館), 하시마섬(端島, 일명 군함도) 등이 있다. 이들은 단순한 공장이 아니라, 부국강병이라는 메이지 유신의 핵심 국가 목표를 실현해 간 기술의 전당이었으며, 일본이 자생적으로 산업화를 이룩했다는 점에서 세계사적으로도 의미 있는 사례이다.

그러나 이 산업 유산이 드러내는 것은 찬란한 기술 진보와 국가적 성공의 서사만이 아니다. 그 이면에는 메이지 시기의 일본인은 물론이고, 식민지 조선인과 중국인의 강제 동원과 혹독한 노동환경이라는 어두운 역사가 깊게 드리워져 있다. 특히 군함도는 그 상징적인 장소다. 바다 위의 콘크리트 요새가 군함처럼 보이는 이 섬은 한때 세계에서 가장 인구 밀도가 높은 산업 시설이었고, 그 번영의 이면에는 그들의 피와 땀이 얼룩져있다. 고온다습한 갱도 속에서의 장시간 노동, 일상적인 폭력과 감시는 지금도 생존자들의 증언을 통해 이어지고 있다.

이 시설들 대부분은 일본 제국주의와 군국주의의 팽창기지로 기능했다. 이곳에서 건조된 무기와 전함들은 청일전쟁과 러일전쟁, 그리고 이후 태평양전쟁을 수행하는 데 동원되었다. 이는 메이지 시대의 산업화가 단지 경제 발전의 수단을 넘어, 일본의 근대화와 군국주의와 제국주의로 이어졌음을 보여주는 증거이기도 하다.

따라서 이 유산들은 두 얼굴을 지니고 있다. 하나는 스스로 세계에 문을 열고, 단시간에 산업화를 이룬 '자주적 근대화'의 상징과 다른 하나는 그 이면에 존재하는 인접국에 대한 침략과 군사화의 그림자이다. '명'과 '암'을 함께 조망하지 않는다면, 우리는 역사의 일부만을 보는 것이며, 유산이 아니라 신화만으로 기억하게 된다.

역사는 영광만으로 완성되지 않는다. 그것은 항상 빛과 그림자, 성공과 희생을 함께 안고 움직인다. 메이지의 산업유산을 걷는다는 것은, 단지 과거의 찬란함만을 보는 것이 아니라, 국가 발전이라는 이름 아래 잊히거나 삭제된 목소리를 복원하는 일이기도 하다. 유산은 기억을 위해 존재하며, 기억은 언제나 윤리적 책임도 함께 하고 있음을 잊어서는 안 된다.

나가사키(長崎)에는 막부 시대부터 유럽과의 유일한 통로였던 데지마(出島)가 있다. 데지마는 서양 지식과 기술이 들어온 창구였고, 메이지 시기에 이르러서는 더욱 적극적으로 서구 문명을 받아들인 중심지가 되었다. 영국인 무역상 글로버의 저택인 구라바엔에서 유신 지사들이 군함을 사고 무기 교섭을 벌이며, 실질적인 개혁 준비를 진행했다. 사카모토 료마는 이곳에서 가메야마사쥬[龜山社中]와 해원대(海援隊)를 통해, 상업과 외교(무역통상), 해군과 군사력을 아우르는 새로운 조직을 만들었고, 일본의 미래를 설계했다.

이후 역사 기행은 구마모토(熊本)로 이어진다. 유신의 이상이 점차 관료적 권력체제로 제도화되고, 유신을 주도했던 사무라이 계층이 소외되자, 사이고 다카모리는 그것이 본래의 정신에서 멀어졌다고 느꼈다. 그들은 1877년, 세이난 전쟁을 일으켰고, 그 최대의 격전지가 다바루자카(田原坂)였다. 이 전쟁의 상처를 일본 적십자사[博愛社]가 치유한다고 나섰다. 이후 임진왜란 때 배를 골아가며 울산 농성을 견딘 가토 기요마사[加藤淸正]가 쌓은 구마모토성(熊本城)에 정부군은 방어

벽을 쳤고, 이를 돌파하지 못한 사이고의 막부군은 참패를 거듭하며, 메이지 정부군의 승리로 끝이 났다.

세이난 전쟁의 지도자 사이고 다카모리는 결국 자기가 태어나고 자란 가고시마 시로야마 산속 동굴에서 자결하고 말았다. '라스트 사무라이'가 사라져 갔다. 그의 마지막 말, "정의 없는 유신은 혁명이 아니다"라는 문장이 시로야마(城山) 동굴 앞에 새겨져 있다. 이 말의 의미는 메이지 유신이 단순히 권력 교체나 근대화, 혹은 무력에 의한 개혁만으로는 진정한 '혁명'이 될 수 없고, 반드시 국민적 동의, 도덕적 정당성, 그리고 사회 전체의 정의 실현이 필수적이라는 점을 강조한 것이다. 메이지 유신의 방향성을 제시한 말이다.

이와 함께 나가사키의 원폭자료관은 잘못된 제국주의와 군국주의의 끝이 어디였는가를 적나라하게 보여주는 곳이다. 전쟁의 폭주가 얼마나 비참하고 비극적인 결과를 초래하는지, 얼마나 위협적인 존재가 될 수 있는지를 말없이 증언하고 있다.

마지막 여정은 가고시마(鹿兒島)다. 사쓰마번의 개혁 정신은 '쇼코슈세이칸(上古集成館)'과 '유신후루사토관(維新ふるさと館)'에서 분명히 드러난다. 유신 전부터 근대 공업단지를 구축하고, 자력으로 서양 기술을 이식했던 이곳은 일본식 근대화

실험의 현장이었다. 그러나 그 이상은 시마즈의 갑작스런 죽음으로 잠시 멈춰졌지만 사쓰마 스튜던트 19인에 의해 계속된다. 그리고 그 흔적은 하시마의 '사쓰마 스튜던트 뮤지엄'에 고스란히 남아있다.

나는 구마모토 공항으로 가는 길목에서 일본 군국주의의 감추고 싶은 민낯을 보았다. 치란(知覽) 특공기지는 태평양전쟁 말기, 수많은 젊은이들이 카미카제 특공대로 출격했던 장소다. 그들은 유신시대의 청년 지사들처럼 이상을 품고 있었지만, 그 이상은 국가의 명령 속에 압살되었다. 유서 속에는 사랑과 꿈, 평화에 대한 열망이 있었지만, 끝내 살아 돌아오지 못했다. 거기에서 24세의 꽃다운 나이에 절명한 조선 청년, 탁경현의 영혼을 만났다. 그들을 가슴에 품고 귀국 비행기에 올랐다.

그때 다시 사카모보 료마가 생각났다 그는 일본 최초로 신혼여행을 떠난 남자였다. 유신의 한 복판에서 사랑과 자유를 추구했던 료마는, 기리시마 온천(霧島溫泉)에서 아내 오료(お龍)와 함께 미래를 그렸다. 진정한 유신의 성공은 어쩌면 이런 젊은이들의 꿈속에서, 인간적인 모습 속에서 완성되어 가야 할 것이다.

이 책은 메이지 유신을 단순히 체제 개편이나 연대기로

보는 것이 아니라, 사람과 공간, 신념과 행동, 기억과 장소를 함께 엮어낸 역사의 여정이다. 하기에서 가고시마, 데지마에서 치란까지, 우리는 그들이 남긴 발자취 위에 서서 묻는다. 유신은 누구를 위한 것이었던가. 어떤 신념과 자신들의 목숨을 바꾸었는가, 그들이 염원한 근대화는 무엇을 남겼는가. 이것이 메이지 유신의 명암이 아닐까. 유신 리더들은 서양을 모방하면서도, 동시에 일본 정신을 지키려 했고, 현실을 바꾸면서도 이상을 잃지 않으려 했다. 그들의 생사관은 단순한 충성이나 명예가 아닌, 역사 앞에서 자신의 역할을 다하고자 한 책임 의식과 정의감에서 비롯되었다.

그러나 메이지 유신에 대한 한일 양국에서의 평가는 역사적 맥락, 민족 감정, 정치적 관점에 따라 상이하다. 메이지 유신을 일본이 동아시아에서 유일하게 근대화에 성공한 사례로, 서양 열강의 압력 속에서 일본 스스로 근대국가로 전환한 점을 높이 평가한다. 그러나 이 성공이 일본 제국주의의 출발점이 되었고, 한반도와 동아시아에 침략과 식민지화의 상흔을 깊게 남겼다는 점에서 부정적인 시각도 매우 강하다.

오늘날, 우리는 한일 근현대사에 어떤 점을 찍고 있는지. 비교사의 관점에서 다시 한번 생각해보자. 우리가 이 시점에서 왜, 새삼스럽게 일본의 '메이지 유신'에 주목하는지를

…. 반일(反日)만으로는 극일(克日) 할 수 없다. 지일(知日)을 통해 우리에게는 무엇이 부족했던가, 명분과 실리를 위한 국제관계의 안목(眼目)으로 일본을 다시 보았으면 좋겠다.

이 책은 메이지 유신의 개념을 이해하기 위해, 지난 20년간 대학생, 교사, 일반인들과 한일관계의 역사 현장을 답사하면서 떠오른 단상(斷想)과 편린을 엮은 〈메이지 유신 개설서〉이다. 그래서 전문 학술연구서는 아니지만 팩트에 충실하려고 노력했고, AI에게도 여러 번 물어봤다. 아무쪼록 메이지 유신을 정확히 이해하는 입문서로서의 기능을 기대한다.

끝으로 인문 역사 기행으로 메이지 유신 답사 프로그램을 기획하고, 동행하며 각종 도록을 챙겨준 조선일보 AD본부 이광회국장, 유신의 길을 함께 걸었던 류은주 가이드와 탐방단 여러분, 그리고 아내 선옥과 시아에게 감사한다.

역사는 유적과 유물을 남기고, 유적과 유물은 역사를 증언한다. 그래서 답사를 통해 나의 역사상(歷史像)을 완성해 간다.

2025. 8.
손승철

들어가며	메이지 유신을 걷다	5
	연표 및 탐방지도	20

제1장 유신을 부른 시대: 메이지 전야의 일본

1. 페리는 왜 일본에 왔나?	24
2. 1850년대 일본 사회의 모습	34
3. 국제질서 속의 일본	49
4. 변화의 씨앗, 개혁사상가들	54

제2장 쇄국에서 개국으로: 혼란과 대립, 연대의 길

1. 나마무기 사건과 외세 충돌	70
2. 시모노세키 전쟁과 사쓰에이 전쟁	75
3. 조슈 파이브와 사쓰마 스튜던트	80
4. 막부파와 존황파의 대립과 충돌	93
5. 삿초동맹과 삿토동맹, 정치연대의 형성	96
6. 대정봉환과 왕정복고	100
7. 보신(戊辰)전쟁	104

제3장 근대국가의 수립과 개혁의 길

1. 체제 개편과 중앙집권, 신분제 개혁	114
2. 이와쿠라 사절단과 문명개화	121
3. 교육령과 국민교육의 시작	127
4. 징병제 도입과 군대 개편	131
5. 세이난 전쟁과 사무라이의 몰락	135
6. 식산흥업과 산업화의 길	144
7. 자유민권운동과 제국의회	160

차례

제4장 유신의 철학: 메이지 이념과 국가 비전

1. <선중팔책> 166
2. <5개조 서약문> 170
3. <교육령>과 <교육칙어> 174
4. <군인칙유> 179
5. <대일본 제국헌법> 184

제5장 유신의 정치적 리더들: 누가 역사를 어떻게 움직였나

1. 다카스키 신사쿠 194
2. 사카모토 료마 199
3. 기도 다카요시 205
4. 사이고 다카모리 211
5. 오쿠보 도시미치 216
6. 시마즈 나리아키라 220
7. 요코이 쇼난 225
8. 에노모토 다케아키 229
9. 후쿠자와 유키치 234
10. 토마스 블레이크 글로버 239
11. 이토 히로부미 245

부록

1. 유신의 길에서 만난 조선인들 250
2. 탐방 일정 269
3. 참고문헌 271

〈메이지 유신 연표〉

연도	사건	인물
1853	6. 미국 페리함대 개항요구	
1854	3. 미·일 화친조약 체결	
1858	6. 러·프·영·네 통상조약 체결	· 요시다 쇼인(吉田松陰)
1862	9. 나마무기 사건(영국인 4명 살해)	
1863	6. 조슈 파이브(長州 five), 영국 유학 사쓰마 스튜던트 19인, 영국 유학 8. 사쓰에이(薩英) 전쟁 9. 시모노세키(下關) 전쟁(1차, 1864. 5)	· 토마스 글로버 (Thomas Blake Clover) · 다카스키 신사쿠 (高杉晉作)
1866	1. 삿초동맹(薩長同盟)	· 사카모토 료마(板本龍馬)
1867	6. 삿토동맹(薩土同盟) 10. 대정봉환(大政奉還) 12. 왕정복고(王政復古)	· 사이고 다카모리 (西郷隆盛) · 기도 다카요시(木戶孝允) · 오쿠보 도시미치 (大久保利通)
1868	1. 보신(戊辰)전쟁, 4. 신정부강령 발표	
1869	6. 판적봉환	
1871	7. 폐번치현 11. 이와쿠라 사절단 (107명) 구미견학 8. 식산흥업, 경공업 (섬유, 면방직) 중공업(제철·조선·기계·화학·탄광 산업)	
1872	8. 교육령(의무교육), 교육칙어	
1873	3. 징병령(국민개병)	
1877	2. 세이난(西南)전쟁	· 사이고 다카모리 (西郷隆盛)
1890	11. 제국의회 개원	· 이토 히로부미(伊藤博文)
1894	9. 청일전쟁 제국주의, 군국주의의 길로	
1905	5. 러일전쟁	
1910	8. 한일병탄	

탐방지도

제1장

유신을 부른 시대
: 메이지 전야의 일본

1. 페리는 왜 일본에 왔나?
2. 1850년대 일본 사회의 모습
3. 국제질서 속의 일본
4. 변화의 씨앗, 개혁사상가들

1 페리는 왜 일본에 왔나?
페리함대와 미·일 화친조약

19세기 중엽, 세계는 산업혁명의 물결 속에서 근본적인 질서의 재편을 맞고 있었다. 유럽 열강은 자국의 산업생산력을 확대하기 위해 시장과 자원을 확보하고자 아시아로 눈을 돌렸으며, 미국 또한 태평양을 건너 동아시아로의 진출을 본격화했다. 이 시기 미국이 주목한 나라는 아시아의 중국, 조선, 일본이었다.

1852년, 미국 대통령 밀러드 필모어(Millard Fillmore)는 해군 소장 매튜 페리(Matthew C. Perry)를 동아시아특사로 임명하고, 일본형화이질서(日本型 華夷秩序)안에 갇혀 있던 일본에 외교사절단 파견을 지시했다. 일본형 화이질서란 일본을 중화(中華)로 생각하는 폐쇄적인 자국중심의 세계관을 말한다. 필모어의 친서에는 다음과 같은 문장이 담겨있었다.

"일본은 더 이상 세상의 중심이 아니며, 세계는 이미 변했다. 이제 문을 열고 세계와 교류해야 할 때다."

1853년 7월 8일, 페리는 4척의 증기선을 이끌고 에도만 우라가 앞바다에 도착했다. 검은 연기를 뿜으며 들어오는 미국함대는 당시 일본인들에게 충격 그 자체였다. 이들은 페리의 증기선을 '구로후네(黑船)'라 부르며 공포와 경이의 대상으로 인식했다. 구로후네는 '검은 배'라는 뜻으로, 당시 유럽과 미국에서 건조된 대형 범선과 증기선들은 선체를 보존하고 방수 효과를 높이기 위해 검은색 타르(tar)를 칠했고, 석탄을 때는 증기선에서 나오는 검은 연기와 어우러져 전체가 검은색 배처럼 보였기 때문이다.

구로후네의 모습

당시 미국이 일본에 접근하게 된 배경에는 단순한 외교 관계 수립 이상의 전략적 이해가 있었다. 무엇보다 미국은 태평양을 건너 중국과 아시아를 직접 연결하는 기선 항로를 구축하려 했으며, 이는 동아시아에서의 군사·경제적 영향력을 확대하려는 구상의 일환이었다. 당시 미국은 다음과 같은 이유가 있었다.

첫째, 미국은 1844년 왕샤조약을 통해 중국과의 무역에 진입했고, 그 확장을 위해 태평양을 가로지르는 해상로의 필요성을 절감하고 있었다. 기존의 중남미 경유 대서양 항로는 거리도 길고 효율이 떨어졌기 때문에, 서부 해안(특히 샌프란시스코)과 아시아를 직접 연결하는 새로운 항로가 필요했다. 대서양 항로는 거의 130일 이상이 걸렸지만, 태평양 항로는 그것을 1/6이나 1/7로 단축할 수 있었다. 이 태평양 횡단의 북쪽 코스를 개설하기 위해서는 기항지 확보가 필수적이었다.

둘째, 1848년 캘리포니아 골드러시로 인해 미국 서부 해안은 급격히 성장했고, 무역수요와 해군보급망도 확장되었다. 태평양 항로의 안정적 운용을 위해 석탄과 물자 공급이 가능한 항구, 즉 기착지가 필요했고, 일본은 지정학적으로 그 최적의 위치에 있었으며, 특히 하코다테 남쪽의 항구가 유력 후보로 떠올랐다.

셋째, 해군 전략 측면에서도 미국은 증기선 항해 시대의 도래에 따라 보급기지를 갖춘 해상네트워크의 구축을 시도하고 있었고, 이러한 전략적 요구가 맞물려 미국은 일본과의 외교 접촉을 단순한 개항 요청이 아닌, 태평양 전체를 아우르는 외교·군사 프로젝트의 일환으로 추진했다.

미국의 이러한 계획과 요구에 대해, 에도막부는 노중(老中)이었던 아베 마사히로(阿部正弘)를 중심으로 긴급히 대응에 나섰다. 그는 미국에 대해 즉각적인 거절은 하지 않고 1년후에 다시 오도록 하는 한편, 전례 없이 여러 번(藩)들과 조정(朝廷)의 의견을 구하는 파격적인 조치를 취했다. 이는 막부의 권위가 이미 흔들리고 있었음을 보여주는 상징적인 장면이었다. 아베는 막부의 공식 입장을 정리한 문서『응접조례(應接條例)』에서 다음과 같이 명시했다.

> "오늘날의 정세에서는 오랑캐의 사정을 알고, 유감을 남기지 않는 외교가 중요하다."

　이에 페리함대는 필모어 대통령의 친서를 전달하고, 물리갔다가 1854년 2월, 다시 7척의 함대를 이끌고 일본에 나타났고, 가나가와 앞바다에서 본격적인 교섭에 들어갔다. 미국은 구체적으로 세 가지 요구를 일본 측에 제시했는데, 이는 이후 일본의 개국 방향을 결정짓는 중대한 전환점이 되었다.

　첫째, 항구개방과 보급의 허용이다. 미국 선박이 시모다(下田)와 하코다테(函館) 항에 기항하여 석탄·식수·식량을 보급받도록 요청했는데, 이는 단순한 편의 제공이 아닌, 미국의 태평양 항로 유지 전략의 일환이었으며, 일본에는 사실상 쇄국 정책의 붕괴를 의미했다.

둘째, 미국 선원의 보호를 위해 난파·표류한 선원들을 구조하고 본국 송환을 보장할 것을 요구했다. 이는 인도주의 외교 명분을 내세운 것이지만, 동시에 일본이 국제 관례와 근대적 법치 국가로서의 책임을 질 것을 강요한 조치였다. 훗날 치외법권 인정의 근거가 되었다.

셋째, 영사 주재권 확보를 위해 시모다에 미국 영사 상주를 허용하도록 요청했다. 이는 향후 통상조약 체결을 위한 전초 조치로, 에도막부가 외교 주권을 점차 상실하게 되었음을 보여준다.

그리고 페리는 증기기관차 모형, 전신기, 기계식시계, 망원경, 농기계 도감 등 다양한 '선진 기술'을 일본 측에 선물하고, 시연하며 미국 문명의 위력을 과시했다. 막부의 하야시 다이곤[林大学頭]은 이를 보고,

> "기이한 기계의 수효에 놀람을 금할 수 없었다. 이로써 양국 간의 차이를 절감했다."

라고 기록했으며, 미국 측은 이를 '협박 없는 설득의 장치'라고 설명했다.

결국 1854년 3월 31일, 양국은 『미일화친조약(日米和親條約)』을 체결했다. 이 조약은 12개 조항으로 구성되어 있으며, 대표적인 내용은 다음의 2항목이었다.

> 제1조: 시모다와 하코다테 두 항을 미국 선박에 개방하고 보급을 허용한다.
>
> 제6조: 미국인은 일본법이 아닌 자국 영사의 재판을 받는다.(치외법권)

이 조약은 형식상 '우호 조약'이었지만, 실질적으로는 군사적 압박에 의한 불평등 조약의 시작이었다. 이에 따라 중앙 권력으로서의 막부는 큰 타격을 입었고, 지방 번의 독자적 대응이 본격화되었다.

그러자 쇄국 양이의 입장이던 조슈번은 이 조약이 천황의 재가 없이 체결된 조약이라며, '무도한 외교'로 간주하고 급진적인 존왕양이 운동을 시작했다. 이에 대해 메이지 유신의 사상적 기반을 만들었던 요시다 쇼인[吉田松陰]은 다음과 같이 선언했다.

> "오랑캐와 교섭하는 일은 임금의 위신을 더럽히는 일이다."

한편 사쓰마번은 시마즈 나리아키라[島津齊彬]의 실용주의적 지도 아래 서양 기술을 적극 도입하고 해군 양성을 추진하며 자주화를 꾀했다.

민중들 또한 변화의 징후를 감지했다. '검은배'에 대한 괴담과 우키요에(浮世繪)가 유행했으며, 막부의 무기력한 대응에 불만이 커졌다. 민중에게 유통된 가와라반[瓦版](당시 뉴스 전단지)에는 미국인과 흑선을 "텐구[天狗] 같은 얼굴에, 귀에서 연기를 내뿜는 이상한 외국인의 배."라고 묘사하기도 했다.

'텐구'는 일본 전통 신앙에 등장하는 초자연적 요괴로, 붉은 얼굴과 긴 코, 신비한 힘을 가진 존재로 인식되어 있었는데, 민중들은 페리 일행을 이 이질적인 상징에 투사하여 표

페리함대의 출현

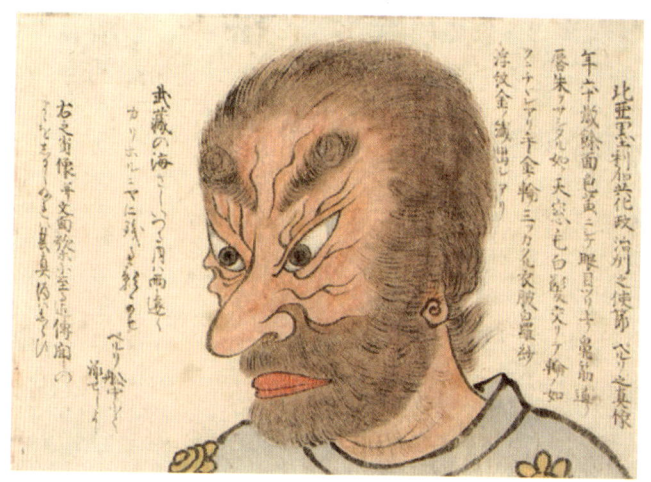

텐구의 모습으로 그린 페리

현했던 것이다.

　미국 측 시각은 페리의 『일본 항해기(Narrative of the Expedition to Japan)』에 다음과 같이 기록되어 있다.

> "일본 관리들은 두려움과 예의를 함께 보였다. 그들의 문명은 세련되었으나 시대에 뒤떨어져 있었다. 나는 그들이 정중하고 호기심 많음을 느꼈지만, 현대 세계에 대비되어 있지 않다고 생각했다."

결국, 미일화친조약은 단지 외세에 문을 연 사건이 아니었다.

그것은 막부 정치의 위기, 지방 분권의 강화, 민중의 각성, 외세 인식의 전환이라는 네 방향의 중대한 변화를 촉발한 역사적 분기점이었다. 이 모든 흐름은 메이지 유신을 가능하게 한 사상적·정치적 기반이 되었다.

일본은 더 이상 예전의 일본이 아니었다. 1854년의 미일화친조약 체결 이후, 일본은 외세와의 외교관계에서 새로운 국면을 맞이하게 되었다. 조약이 발효되자 러시아, 네덜란드, 영국 등 열강들도 잇따라 일본에 접근하여 유사한 조약 체결을 요구했다.

1855년, 러시아와 일러화친조약이 체결되며 나가사키 개항과 함께 쿠릴 열도 국경이 확정되었고, 1856년에는 네덜란드, 1858년에는 영국과도 항구 개방 및 영사 주재권을 허용하는 조약이 연달아 체결되었다.

그러나 보다 결정적인 전환점은 1858년, 미국 외교관 타운젠드 해리스(Townsend Harris)와의 협상에서 비롯되었다. 그는 일본과 최초의 정식 통상조약인『미일수호통상조약(美日修好通商條約)』을 체결했고, 이는 이후 열강들이 일본과 맺게 될 통상조약의 모델이 되었다.

이 조약을 통해 일본은 요코하마, 나가사키, 고베, 에도 등 주요 항구를 외국에 개방하고, 외국인의 거류를 허용했으며, 영사 재판권(치외법권)을 인정했다.

또한, 일본은 자주적인 관세 결정권도 박탈당했고, 모든 열강에게 자동으로 동일한 권리를 보장하는 최혜국 대우 조항에 동의해야 했다. 이로써 일본은 불평등 조약체제에 편입되었고, 이는 훗날 메이지 유신 이후 조약 개정 운동의 핵심 동기가 되었다.

결국, 1858년 이후 일본은 미국을 비롯해 네덜란드, 러시아, 영국, 프랑스 등과 연달아 통상조약을 체결하며 국제사회에 본격적으로 편입되었지만, 그 출발은 자주적 선택이 아니라 외교적 압박과 군사적 현실에 따른 굴욕적 개국이었다.

이러한 외세와의 조약 네트워크 확대는 에도막부의 통치 기반을 심각하게 약화시켰고, 각 번에서는 이에 대한 대응으로 무력 개혁과 사상적 전환이 본격화되기 시작했다.

2 1850년대 일본 사회의 모습
봉건 체제의 모순과 농민 봉기

19세기 중엽, 일본은 외세의 충격이 닥치기 전부터 이미 내부에서 균열을 경험하고 있었다. 에도 막부(江戶幕府)가 유지해 온 도쿠가와 체제는 약 250년간 평화를 지속했으나, 그것은 정체와 누적된 모순 위에 형성된 질서였다.

당시 일본 사회는 명목상으로는 무사 계급이 지배하는 봉건적 계급 제도였지만, 실질적으로는 상업경제와 화폐 유통의 발전이 기존 질서를 뒤흔들고 있었다. 무사 계급은 고정된 수입에만 의존했고, 물가 상승과 생활비 증대로 인해 실질적인 빈곤을 겪으며 몰락의 길로 접어들었다. 반면 상인들은 자본을 축적하여 실질적인 경제 권력을 쥐게 되었으나, 정치적 지위는 여전히 부재했다.

이러한 상황을 이해하기 위해, 에도 막부의 정치체제인 막번체제(幕藩体制)와 다이묘, 무사계층, 상인, 농민 층으로 구성된 신분제도에 대해 간단히 살펴보자.

에도 시대(1603~1868)의 일본은 도쿠가와 이에야스[德川家康]

가 수립한 에도막부를 중심으로 통치되었다. 이 체제는 막부와 전국 각 번(藩)이 권력을 병존시키는 일본 특유의 분권적 중앙집권 체제로 이를 막번체제(幕藩體制)라고 한다.

중앙 정권인 막부는 에도(江戶 : 지금의 도쿄)에 위치했으며, 쇼군(將軍)은 도쿠가와 가문이 세습했다. 막부 내에는 로주(老中), 지샤부교(寺社奉行), 마치부교(町奉行), 간조부교(勘定奉行) 등의 행정 기구가 존재해 정무를 분담했다. 지방에는 260여 개의 번이 존재했고, 각각 번주(藩主)인 다이묘(大名)가 통치했다. 이들은 자체 군사, 재정, 법률, 교육제도를 갖춘 반독립적 자치 단위였으며, 산킨코타이(參勤交代) 제도 등을 통해 막부에 종속되었다.

산킨코다이는 에도 시대에 시행된 도쿠가와 막부의 중요한 정치 제도로, 전국의 다이묘(大名, 지방 영주)들을 에도와 자신의 영지(번, 藩) 사이를 일정 주기로 오가며 체류하게 한 정책이다. 산킨(參勤)은 '에도에 출두해 근무한다'는 뜻이고, 코다이(交代)는 '번갈아 교대한다'는 의미이다. 즉 다이묘들이 일정 기간 번(영지)에 있다가 다시 에도에 와서 머무르는 것을 반복하는 제도인데, 보통 1년은 에도, 1년은 번에 거주하는 것이 원칙이지만, 다이묘의 아내와 자식들은 계속 에도에 남아 인질이 되었다. 한편 다이묘는 에도로 갈 때 화려한 행렬(大名行列, 다이묘 교레츠)을 통하여 위신을 과시했다.

다이묘(大名)는 출신과 정치적 관계에 따라 다음 세 가지로 구분된다.

첫째, 신판 다이묘(親藩大名)이다. 신판다이묘는 도쿠가와 가문의 혈연적 측근으로, 오와리, 기이, 미토의 고산케(御三家)가 대표적이다. 이들은 주로 정통성 보증의 역할을 맡았다. 신판다이묘는 약 20가문으로 다이묘전체의 약 7%를 차지했다.

둘째, 후다이 다이묘(譜代大名) : 도쿠가와 가문이 정권을 잡기 전부터 그를 지지하던 옛 신하들로, 막부 요직을 차지하고 체제를 유지했다. 약 145가문으로 전체의 약 55%를 차지했다.

셋째, 도자마 다이묘(外樣大名) : 세키가하라 전투 후 복속되었고, 외부세력으로 대부분 큰 영지를 가진 대신 정치적으로는 배제되었다. 조슈(長州), 사쓰마(薩摩), 도사(土佐) 등이 대표적이다. 도자마 다이묘는 약 100가문으로, 전체의 약 38%를 차지했다.

에도막부는 이 구분을 통해 중앙 권력을 유지하고 지방 권력을 감시했지만, 시간이 지나면서 특히 도자마 계열이 점차 개혁 세력으로 부상하게 된다. 막부 체제의 경직성과 번 재정 위기는 이들의 사상적·군사적 변혁을 촉진했다.

무사(武士) 계층은 단지 전쟁 수행자가 아니라 막부 체제의 행정과 이념을 담당하는 지배 엘리트였다. 사농공상(士農工商)의 최상위에 있었으며, 군사적 위엄과 행정적 책임, 도덕적 이상을 함께 요구받았다. 그리고 석고제(고쿠다카, 石高制)라고 하는 토지의 생산력에 따라 지배 권한 및 조세, 봉록 등을 받는 구조에 의해 정치, 경제, 사회적 권한이 부여되었다. 1석은 약 180리터의 쌀의 양으로 성인 남성이 1년치 식량이었다.

무사 계층은 크게 다음과 같이 나눌수 있다.

우선 중앙의 쇼군 직속 무사로 다이묘(大名), 하타모토(旗本), 고케닌(御家人)이다.

다이묘란 1만석 이상의 영지를 가진 영주로, 각번의 통치자로, 독자적인 군대와 재정을 운영했고, 신판, 후다이, 도자마로 나뉘었다. 약 260여명이다.

하타모토는 쇼군가의 직속무사로, 주로 수백~수천석 정도의 수입을 가졌다. 약 5,000가문으로, 에도성의 경비 및 쇼군의 친위대, 행정을 보좌하며, 쇼군을 직접 알현했다.

고케닌은 하타모토보다 하위의 쇼군 직속무사로 약 17,000가문으로 대부분 수백석 이하, 일부는 봉록이 아닌 급여(쌀)를 지급받았다. 역할은 쇼군을 호위하며, 무사집안을 유지했고, 쇼군을 직접 알현하는 것은 불가했다.

다음은 지방 다이묘의 가신으로 각 번에 소속된 무사들로 수십 석에서 수천 석의 수입을 받고, 번의 재정이나 치안, 행정 등을 담당하는 다이묘의 병력조직이다. 번의 최고 간부인 가로(家老), 중간관리인 요리키(與力)는 상급무사(上士, 조시)와 하급 보병과 병사인 아시가루(足輕)이하 계급은 하급무사(下士, 가시)로 불렸다. 그리고 다이묘가 폐번이 되거나 실직한 무사인 낭인(浪人)이 있고, 고쇼(小者)로 불리는 하인이나 심부름꾼으로 신분상으로는 무사이지만 일반 농민과 경계가 모호한 계층이 있다. 그리고 피지배층으로 상인과 농민이 있다.

18세기 중반을 기준으로 무사계층(쇼군, 다이묘, 하타모토, 고케닌, 번사, 낭인등)을 7~10%, 농민 80~85%, 장인 5~7%, 상인 5~7%로 추정한다. 각번마다 차이가 있지만, 조슈번은 7~10%였고, 사쓰마번은 15~20%에 달했다. 그리고 당시 인구는 전국 인구를 3,000만정도, 조슈번이 35만~40만, 사쓰마번이 60만~70만이었다고 한다. 막부말기를 기준으로 해서 조슈번과 사쓰마번의 번사의 수치와 비율, 주요 기능을 추정하여 도표화하면 다음 표와 같다.

〈표1〉 사쓰마, 조슈번의 무사계층 일람표

계층	구분	조슈번	비율	사쓰마번	비율	주요기능
가로	조시(上士)	4~6명	0.1%	6~8명	0.1%	번 정무총괄, 치고위 가신
중간간부		400명	5%	600명	6%	행정·군서 부문 총책임
요리키	가시(下士)	1,000명	12%	2,000명	20%	실무·하급 지휘관
아시가루		4,500명	55%	5,000명	50%	보병·군사력의 핵심
하급무사·고쇼		2,300명	28%	2,400명	24%	치안, 행정, 순찰, 서당운영

무사계층안에서도 신분간의 계급제도는 엄격했다. 경제적으로 상급무사는 보통 수백~수천석의 녹봉을 받았고, 하급무사는 10석이하 였으며, 거주지 차별도 있어 상급무사는 성곽근처나 중심부에 살았고, 하급무사는 외곽이나 후미진 지역에 살았고, 상급무사와 하급무사간의 혼인도 거의 불가능했다. 뿐만아니가 무사간에도 앉는 자세나 말투, 무기착용에 제한이 있었다.

무사는 다음 세 가지 역할을 수행했다. 우선 군사적 역할로 전쟁보다는 상징적 무장 계층으로, 치안과 군사조직 유지를 담당했으며, 행정역할을 했는데, 세금, 사법, 문서 관리 등 번과 막부의 실무를 주도했다. 또한 도덕·교육적 역할을 했는데, 유교 윤리와 예의범절을 실천하고, 주자학(朱子学) 교육을 받은 이상적 지배자로서의 역할을 했다.

하지만 이들의 생활은 경제 현실과 괴리를 낳았다. 봉록은 고정된 반면, 화폐 경제와 물가 상승은 무사들의 생활 기반을 위협했다. 이 때문에 많은 무사들이 상업, 문필, 교육 등으로 생계를 전환했고, 일부는 체제 비판적 사상으로 나아갔다.

에도막부는 신분상승을 원칙적으로 금했지만, 일부 상인이나 하급무사는 돈이나 혼인을 통해 사회적 이동을 시도하기도 했다.

이러한 신분제는 메이지 유신 이후 폐지되고 평민 중심의 국민의 개념으로 전환된다. 특히 이런 상황에서 조슈, 사츠마 등 유력 번이 자체적으로 군제 개편과 제도 개혁을 추진하며, 이후 메이지 유신의 주도 세력이 된다.

한편, 석고제(石高制)는 무사 사회의 신분과 경제 질서를 유지하는 핵심 장치였다. 토지 생산량을 기준으로 봉록·조세·병역 기준이 설정되었으며, 막부 체제를 유지하는 경제적 기반이자 통치 척도로 기능했다.

〈표 2〉 에도시대 석고 기준 상위 10위 번의 목록

순위	번 이름	다이묘 가문	석고량 (만석 기준)	현재 지역	분류
1	가가번(加賀藩)	마에다 가문	약 102만석	이시카와현	도자마
2	사쓰마번(薩摩藩)	시마즈 가문	약 77만석	가고시마현	도자마
3	센다이번(仙台藩)	다테 가문	약 62만석	미야기현	도자마
4	기이번(紀伊藩)	도쿠가와 가문	약 55만석	와카야마현	신판 (고산케)
5	구마모토번(熊本藩)	호소카와 가문	약 54만석	구마모토현	도자마
6	조슈번(長州藩)	모리 가문	약 36.9만석	야마구치현	도자마
7	미토번(水戸藩)	도쿠가와 가문	약 35만석	이바라키현	신판 (고산케)
8	사가번(佐賀藩)	나베시마 가문	약 35만석	사가현	도자마
9	아이즈번(会津藩)	마쓰다이라 가문	약 23만석	후쿠시마현	신판
10	나가오카번(長岡藩)	마키노 가문	약 7.4만석	니가타현	후다이

이 제도는 전국의 토지를 쌀 수확량 단위인 '석(石, こく)'을 기준으로 평가하여, 토지의 생산력에 따라 지배 권한, 조세, 봉록 등을 배분하는 구조였다. 즉, 단순한 토지 면적이 아닌 "얼마만큼의 곡물을 생산할 수 있는가"를 중심으로 각 지역의 경제력과 정치적 위상을 산정한 제도였다.

막부와 각 번은 자신들의 지배 영역에 대해 공식적인 석고량을 보유하고 있었고, 이는 그 번이 지닌 경제력, 군사력, 정치적 지위를 의미했다. 예컨대, 10만 석 이상의 영지를 가진 자만이 다이묘(大名)로 인정되었으며, 사쓰마(薩摩) 번은 77만 석, 조슈(長州) 번은 37만 석으로 평가되었다. 막부는 약 400만 석을 직접 통치했고, 전체 일본의 석고 총량은 약 2,600만 석에 달했다.

석고제는 다음과 같은 여러 기능을 수행했다.

첫째, 지배 질서와 신분 위계의 정당화했다. 다이묘, 하타모토(旗本), 고케닌(御家人) 등의 신분은 봉록 기준에 따라 구분되었으며, 봉록의 크기는 곧 지위의 상징이자 정치 참여 범위를 규정했다.

둘째, 조세와 병역의 기준을 제공했다. 막부는 각 번의 석고에 따라 군사적 부담과 산킨코타이(参勤交代)의 의무를 배분했다.

셋째, 경제적 지표로서의 기능이다. 쌀을 중심으로 한 환곡제, 쌀 시장 운영, 현물 세금 징수 등이 모두 석고제를 기반으로 작동했다.

하지만 시간이 흐르면서 석고제는 점차 한계를 드러냈다. 공식적인 석고량과 실제 수확량 사이에 괴리가 컸고, 번에서는 세금 부담을 줄이기 위해 생산력을 축소 신고하거나, 막부는 정치적 견제를 위해 번의 석고량을 과소 평가하기도 했다. 무엇보다 상업경제와 화폐경제의 성장은 쌀 중심 평가 체계와 점차 괴리되었고, 무사들조차 현물 봉록보다 현금 지급을 요구하는 일이 빈번해졌다. 결과적으로, 석고제는 에도 시대의 봉건 질서를 정교하게 떠받쳤지만, 근대적 경제

시스템과 조세 구조의 변화에는 대응하지 못했다.

한편, 에도 시대는 일본 역사상 드물게 장기적인 평화가 지속된 시기로, 사회적 안정과 더불어 교육 제도도 크게 발전했다. 비록 엄격한 신분제가 존재했지만, 교육은 상류 계층에서부터 서민에 이르기까지 광범위하게 보급되었으며, 각 계층에 적합한 교육 기관과 방식이 존재했다. 특히, 막부는 통치 이념으로 유교, 그중에서도 주자학(朱子学)을 채택했고, 이는 정치와 도덕 질서를 지탱하는 사상적 기둥으로 작동했다.

무사 계층을 위한 대표적 교육 기관은 각 번에서 운영한 번교(藩校)였다. 번교는 무사 자제들을 대상으로 하여 사서삼경, 한문, 일본사, 윤리, 검술 등을 교육했고, 충군애국의 유교적 가치관을 중심으로 교양과 행정 실무 능력을 함께 배양했다. 대표적인 번교로는 조슈 번의 하기에 있는 메이란도(明倫堂), 사쓰마 번의 조호쿠칸(造士館)이 있다.

이러한 번교들은 훗날 존왕양이 사상과 근대 개혁 사상이 확산되는 지적 토양이 되었다. 이와 병행하여 민간 교육 기관인 사숙(私塾)도 활발히 운영되었다. 사숙은 유학자나 무사 출신 지식인이 자택 또는 사찰 등에 설립한 사설 교육소로, 계층 구분 없이 무사, 상인, 평민의 자제들이 교육을 받을 수 있었다. 사숙의 교육 내용은 유교 경전 외에도 일본 고전, 국학, 실학, 심지어 서양 학문에까지 이르렀으며, 그 유연성과 다양성은 에도 후기 일본의 지식 문화에 큰 영향을 미쳤다.

특히 조슈 번의 무사였던 요시다 쇼인[吉田松陰]이 운영한 '쇼카손주쿠(松下村塾)'는 이토 히로부미, 다카스키 신사쿠 등 메이지 유신의 주역들을 길러낸 상징적 공간으로 손꼽힌다.

그리고 평민과 상민 자제를 위한 대표적인 교육 기관으로 데라코야(寺子屋)가 있었다. 데라코야는 본래 사찰이나 신사에 부속된 교육 공간이었으나, 점차 마을 곳곳에 민간 교육소로 확대되었다. 이곳에서는 읽기, 쓰기, 산술, 예도, 방언, 상업 실무 등 실생활에 필요한 문해 교육이 중심이었으며, 신분을 불문하고 지역 공동체의 기초 교육 기관으로서 기능했다. 특히 19세기 중반에는 전국적으로 1만여 개 이상의 데라코야가 존재했고, 이를 통해 일본은 세계 최고 수준의 문해율을 자랑하는 사회로 성장하게 되었다.

이같이 에도 시대 교육의 사상적 기반은 막부가 채택한 주자학(朱子学)에 있었다. 주자학은 충(忠), 효(孝), 예(禮), 의(義) 등 유교적 윤리를 강조하며, 질서와 위계를 중시하는 통치 이념으로 작동했다.

하기의 명륜당

쇼카손주쿠

이외에도 실천과 도덕 자각을 중시한 양명학(陽明学), 일본 고유 전통과 고전을 강조한 국학(国学), 네덜란드를 통해 유입된 서양 학문인 난학(蘭学) 등 다양한 사상적 흐름이 등장했고, 이는 주로 사숙(私塾)을 통해 확산되었다.

이러한 에도 시대 교육은 단순한 지식 전달을 넘어서 지배 질서를 유지하고 사회를 통합하는 기능을 수행했다. 무사 계층은 번교(藩校)와 사숙을 통해 유교적 도덕과 정치적 사유를 함양하며 체제 유지를 도모했고, 서민 계층은 데라코야를 통해 실용적 문해력을 확보하여 자립 기반을 구축했다. 이처럼 축적된 지식과 교육 기반은 훗날 메이지 유신기의 사상적 토대가 되었고, 근대 국민국가로의 전환을 이끄는 지적 자산으로 계승되었다.

그러나 에도 후기에는 정치·사회적 모순이 심화되었다. 잇따른 흉작, 기상이변, 물가 폭등, 기근 등은 사회 전반에 불만과 긴장을 야기했고, 가장 큰 고통을 받은 계층은 농민들이었다.

왜냐하면 에도 막부의 재정 기반은 농업 수취에 있었고, 각 번도 조세를 통해 군비와 행정을 유지하고 있었기 때문이다. 결국 사회적 모순이 누적되면서, 농민들은 생존 위기에 내몰렸다.

가장 대표적인 사례가 1833년부터 1839년까지 계속된 '덴포기근(天保飢饉)'이다. 이 기근은 단순한 자연 재해를 넘어, 사회경제적 위기의 기폭제가 되었다. 10만명 이상의 아사자가 발생했고, 전국 각지에서 잇키(一揆)라 불리는 집단 농민 봉기가 들불처럼 확산되었다. 이 봉기들은 단순히 세금 저항을 넘어 기존 지배 질서에 대한 구조적 도전으로 발전했다. 기근의 충격 속에서 막부는 개혁을 시도했다.

노중 미즈노 다다쿠니[水野忠邦]가 주도한 덴포개혁(天保改革, 1841~1843)은 도덕 회복, 사치 금지, 상업 규제, 지방 권한 통제 등을 내세웠지만, 경제 회복과 체제 개편에는 실패했다. 이는 막부 통치의 무능을 전국적으로 드러낸 사건이었고, 막부 권위의 추락은 곧 새로운 정치적 대안의 모색이라는 흐름으로 이어졌다.

이러한 배경 속에서 등장한 상징적인 사건이 1837년, 오시오 헤이하치로[大塩平八郎]의 반란이다. 그는 비축 곡식을 독점한 상인을 처단하고 백성에게 식량을 배급하며, 부정부패와 탐욕에 실력으로 저항했다. 반란은 실패로 끝났고 그는 자결했다. 그러나 이 사건은 하급 관료·지식인의 정치적 각성을 보여주었고, 이후 존왕양이와 개혁 사상의 확산에 큰 영향을 미쳤다.

이같이 19세기 중반에 접어들면서 일본 사회는 겉보기

에는 평화로워 보였으나, 곳곳에서 체제 붕괴의 조짐이 나타나고 있었다. 봉건 질서의 외형은 유지되었으나, 그 내부에서는 이미 경제 구조, 신분 체계, 농촌 사회가 이완되고 있었고, 이에 대한 민중의 저항과 하층 엘리트의 각성은 점차 구체적인 정치 혁명으로 이어지는 서막을 이루게 되었다.

〈표 3〉 1830~1850년대 농민봉기 발생 건수 추이

연도	봉기건수	주요지역
1837년	78건	오사카, 교토, 나고야
1843년	65건	에도주변, 시코쿠
1850년	91건	규슈, 조슈, 도사

3   국제질서 속의 일본
서구 출현에 대한 위기의식

19세기 중반, 세계는 산업혁명을 기반으로 한 서구 열강의 제국주의적 팽창 속에서 급격히 재편되고 있었다. 영국을 선두로 한 유럽 열강은 무력과 경제력을 앞세워 아시아 지역을 식민지화하려 했으며, 그 첫 번째 희생은 중국이었다.

1839년, 제1차 아편전쟁이 발발하고, 1842년 난징조약 체결로 청나라(淸朝)는 사실상 서구 열강에 반식민지적 종속 상태로 전락하게 되었다. 이 시점에서 청조가 스스로 근대화에 실패한 배경을 살펴볼 필요가 있다.

청조는 오랜 제국의 위세를 유지하고 있었지만, 내부적으로는 부패한 관료제, 낙후된 조세 제도, 인구 증가에 따른 농촌 경제 위기 등으로 심각한 구조적 취약성을 안고 있었다. 국제무역에 있어서도 서구의 경제적 도전에 대한 이해와 대응이 매우 부족했다.

영국은 인도산 아편을 청나라에 밀수출함으로써 은 유출

을 억제하고 무역 균형을 맞추려 했고, 그 결과 2백만 명 이상의 아편 중독자가 발생하여 사회적 혼란이 극심해졌다. 이에 청 정부는 1839년, 임칙서[林則徐]를 광저우에 파견하여 아편을 몰수하고 소각하는 조치를 단행했다.

그러나 이 결정은 영국의 무력 개입을 초래했고, 제1차 아편전쟁으로 이어졌다. 청조는 화이질서에 기초한 중화 중심주의 인식에 사로잡혀 서구 열강을 '야만'으로 간주하고, 그들의 군사력을 제대로 평가하지 못했다.

전통적인 외교와 군사 전략에 의존한 청조는 전쟁에서 완패했고, 1842년의 난징조약은 중국 역사상 최초의 불평등 조약으로 기록되었다. 이 조약은 홍콩 할양과 광저우(廣州), 푸저우(福州), 샤먼(廈門), 닝보(寧波), 상하이(上海) 등 5개 항구 개항, 관세 자율권 상실, 치외법권 인정 등, 이는 청조의 주권을 심각하게 침해하는 것이었다.

이후 프랑스, 미국, 러시아 등도 유사한 조약을 청조와 체결하면서, 중국은 국제질서 속에서 빠르게 반식민지적 체제로 편입되었다. 그럼에도 불구하고 청조는 제도 개혁보다 위기 수습에 몰두했고, 결국 1850년대, 홍수전[洪秀全]이 주도한 태평천국운동(太平天國運動)이 발발했다. 이 운동은 단순한 농민 반란을 넘어, 기독교적 신정체제 수립을 시도한 대규모 내전이었고, 한때 난징을 점령해 수도를 천경(天京)이라고 선포하는 등, 청조의 국가 존립을 위협하는 사건이었다. 청조는 지방 한족 관료의 의용군과 서양 군사력의 지원에 의존해 이 반란을 진압했으나, 그 과정에서 중앙 정부의 권위는 붕괴되었고, 지방 군벌의 자율화가 확대되었다.

1860년대부터 일부 실무 관료들은 양무운동(洋務運動)이라 불리는 근대화 시도를 전개했다. 이홍장[李鴻章], 증국번[曾國藩], 좌종당[左宗棠] 등이 주도한 이 운동은 군수 공장, 해군 조선소, 전신, 철도, 번역국 등 서구 문물을 수입하려는 노력이었다.

그러나 이 운동은 중체서용(中體西用) - 즉, "중국의 도(道)를 근간으로 하고 서양의 기(器)를 기술적으로만 도입하자"는 발상에 갇혀 있었다. 이는 청조의 유교적 권위 체제를 유지하려는 보수적 한계로 인해, 결국 정치·제도 개혁으로 나아가지 못하고, 기술 수입 수준에 그쳤다.

이러한 모순은 1894년 청일전쟁(淸日戰爭)에서 일본에 참패하며 극명하게 드러났고, 청조는 정치·사상 개혁의 의지와 실행력 부재 속에 자주적 근대화에 실패했다.

이에 반해 일본은 메이지 유신을 통해 정치 체제 개편과 국민 의식 전환을 이룬 점에서 청조와 극명한 대비를 이루게 되었다. 이후 신해혁명(辛亥革命, 1911)으로 청조는 붕괴했고, 중국은 오랜 정치적 혼란 속에서 근대국가 수립의 지연이라는 대가를 치르게 되었다.

이러한 중국의 몰락은 일본 사회, 특히 지식인 집단에 큰 충격을 안겨주었고, "다음은 일본일 수 있다"는 현실적인 위기의식이 확산되기 시작했다.

이 위기의식은 1853년, 매튜 페리(Matthew C. Perry) 제독이 이끄는 흑선(黑船) 함대가 에도만에 출현하면서 현실로 다가왔다. 페리는 태평양 횡단 항로 개척을 추진하는 과정에서 일본을 보급 및 통상 거점으로 삼기 위해 개항을 요구했고, 무장한 증기선에 의한 무력 시위는 에도 막부 체제에 커다란 충격을 주었다. 결국 막부는 무력 저항이 불가능하다고 판단하고, 1854년, 미일화친조약(日米和親條約)을 체결하게 된다.

이 조약은 항구 개방, 연료·식량 보급 허용, 일방적 최혜국 대우 등을 포함하고 있었고, 일본에 극히 불리한 불평등 조약이었다. 이후 영국, 러시아, 프랑스, 네덜란드 등과도 유사한 조약이 잇따라 체결되며 일본은 외교적 고립을 벗어난 대신, 주권 침해라는 현실을 마주하게 되었다. 이러한 외압은 일본 내부에 사상적·정치적 자각을 불러일으켰다.

중국의 실패 사례를 반면교사 삼은 일본의 지식인들은 국가의 독립을 지키기 위해선 서양 문물을 분석하고 능동적으로 수용해야 한다고 보았다. 특히 조슈(長州), 사쓰마(薩摩), 도사(土佐) 등 유력 번에서는 양명학(陽明学), 국학(国学), 난학(蘭

学)이 번교(藩校)나 사숙(私塾)을 통해 확산되며, 서구에 대응할 수 있는 실천적 정치 사상과 국가 개조론이 형성되었다. 보수적 국수주의 저항론도 존재했지만, 점차 더 많은 젊은 지식인들이 "외세에 맞서기 위해 일본이 먼저 변해야 한다"는 주장에 공감하게 되었고, 근대화, 부국강병, 정치 개혁을 외치기 시작했다. 결국, 페리의 내항과 불평등 조약 체결은 단순한 외교 사건이 아닌, 일본이 체제의 한계를 인식하고, 메이지 유신이라는 정치·사회적 혁신으로 나아가려는 사상적 계기가 되었다.

외세의 충격이 일본을 무너뜨리지 않고, 오히려 자각과 개혁 동력으로 전화(転化)되어갔다.

4 변화의 씨앗, 개혁사상가들
아이자와 세이사이, 요시다 쇼인, 가쓰 가이슈

아이자와 세이사이

요시다 쇼인

가쓰 가이슈

    19세기 중반, 일본은 외세의 압력 속에서 본격적인 개항과 불평등 조약 체결의 시대로 접어들었다. 이에 따라 에도 막부 체제의 정당성과, 그 기반이 되었던 주자학적 이념 체계는 점차 흔들리기 시작했다. 무사 계급을 중심으로 오랫동안 유지되어온 충효 중심의 도덕 정치와 위계 질서는 현실의 급변, 경제적 몰락, 외세와의 충돌 앞에서 시대착오적 권위로 여겨졌으며, 이를 대체할 새로운 사상적 방향과 실천적 이념이 요구되었다.

이러한 전환의 시기, 일본 지식인들은 전통 사상과 외래 사상을 바탕으로 다양한 대응 담론을 시작했다. 그중 국학(国学)은 일본 고유의 역사와 문화, 신토(神道)를 중시하는 사상으로, 모토오리 노리나가[本居宣長], 히라타 아츠타네[平田篤胤] 등에 의해 체계화되었다.

그들은 중국 유교적 질서를 외래의 것으로 간주하며, 일본 고유의 도덕과 정치 질서를 회복해야 한다고 주장했다. 이러한 국학은 훗날 존왕사상(尊王思想)과 결합하여, 막부가 아닌 천황을 중심으로 새로운 질서 회복이라는 정치적 이념으로 전환되었다.

동시에, 실천 윤리를 강조한 양명학(陽明学)도 중요한 역할을 했다. 명나라의 왕양명[王陽明]이 창시한 이 사상은 "지행합일(知行合一)", 즉 올바른 인식은 반드시 실천으로 이어져야 한다는 신념을 핵심으로 삼았다. 한 예로 대표적인 양명학자였던 오오시오 헤이하치로[大塩平八郎]는 덴포 기근 속에서 민중을 구제하기 위해 봉기를 일으켰으며, 그의 행동은 단순한 정치적 반란이 아니라 도덕적 실천이라는 사상적 울림을 남겼다. 양명학은 이처럼 사회 개혁과 무사 지식인의 각성에 깊은 영향을 끼쳤고, 후일 메이지 유신의 정신적 원천 중 하나가 되었다.

한편, 서구 과학과 기술에 대한 실용적 이해를 바탕으로 형성된 난학(蘭学) 역시 일본 근대 사상의 중요한 분기점을 이뤘다. 스기타 겐파쿠[杉田玄白]와 나카 에이세이[中永世] 등은 데지마[出島]를 통해 네덜란드어로 번역된 해부학 서적을 통해 서양 의학을 도입했고, 『해체신서(解体新書)』 등의 번역서를 출간하며 과학적 사실과 실증적 사고의 중요성을 강조했다. 난학은 단순한 기술 수용을 넘어, 사고방식의 근본적 전환 즉, 합리주의와 경험주의 기반의 지식 체계에 대한 일본 지식인들의 자각을 유도했다.

데지마

복원된 데지마의 모습

데지마(出島)는 1636년, 에도 막부가 외래 종교와 서양 문화의 확산을 통제하기 위해 나가사키 앞바다에 조성한 인공 섬이다. 본래는 포르투갈 상인을 수용하기 위한 목적으로 만들어졌으나, 1639년 포르투갈인 추방 이후에는 오직 네덜란드 동인도회사(VOC)만이 사용을 허락받아 일본의 유일한 대외 무역 창구로 기능하게 되었다.

데지마를 통한 무역은 에도 막부가 외국과의 교류를 철저히 통제하던 '쇄국(鎖国)' 체제 하에서 이루어진 유일한 공식 대외 교역 창구였으며, 그 성격상 무역 품목도 철저히 선별되고 실용 중심적이었다. 일본이 네덜란드 동인도회사(VOC)에 수출한 주요 품목으로는 먼저 은(銀)과 구리(銅)가 있었다.

이것들은 일본이 보유한 가장 중요한 광물 자원이었고, VOC는 이를 동남아시아 및 유럽과의 무역 결제에 활용했다. 특히 구리는 VOC가 확보한 주요 수출품으로, 한때 일본 수출품목 중 가장 큰 비중을 차지하기도 했다.

또한 아리타 도자기를 비롯한 고급 도자기와 칠기, 종이, 옻, 전통 공예품 등도 네덜란드를 통해 유럽에 소개되었으며, 일본의 섬세한 장인정신이 유럽 시장에서 높은 평가를 받는 계기가 되었다. 일부 말린 해산물, 된장, 간장과 같은 가공 식품도 제한적으로 수출되었다.

반대로 네덜란드에서 일본으로 수입된 품목은 주로 서양의 과학·기술·문화 관련 제품이었다. 특히 서양 서적, 예를 들어 의학, 수학, 천문학, 자연과학 분야의 책들이 데지마를 통해 유입되었고, 이는 일본 내 난학(蘭學)의 형성과 발전에 결정적 영향을 미쳤다. 현미경, 망원경, 기압계, 해부 도구 등 과학기기와 의학기기도 도입되어 당시 일본 학자들에게 신선한 자극을 주었고, 실증적 자연과학의 시야를 확장시켰다.

이 외에도 키나(말라리아 치료제), 수은, 알코올 등의 의약품, 정밀한 유리 제품, 시계, 그리고 총기, 대포, 화약 등의 군사용 장비와 기술이 부분적으로 일본에 전달되었다. 다만 군사 기술의 유입은 막부가 매우 신중하게 관리했다. 아울러

인디고, 코치닐(붉은 색소), 황과 같은 화학 물질 및 염료도 일본의 염색 및 화학 기술에 영향을 주었다.

일본은 금속 자원과 공예품을 수출하고, 네덜란드는 과학기술, 의약품, 서적, 정밀기기 등을 일본에 들여왔으며, 이는 단순한 상업 교류를 넘어 일본의 근대화를 준비하게 한 지적·문화적 교류의 통로로서 데지마의 의미를 말해준다.

섬의 크기는 약 120m×75m 정도의 부채꼴 형태였고, 철저히 막부의 감시하에 운영되었다. 네덜란드 상관장은 1641년부터 이곳에 거주하며 무역을 수행했고, 정기적으로 에도를 방문하여 쇼군에게 진상품을 바치는 동시에 유럽 정세와 과학기술에 대한 보고서를 제출했다. 이 보고는 '풍설서(風說書)'라 불리며, 일본이 외부 세계의 변화를 간접적으로 파악할 수 있는 귀중한 정보원이 되었다.

상관의 최고 책임자인 상관장(Opperhoofd)은 무역과 외교, 내부 질서 유지, 서양 정보 전달 등의 역할을 동시에 수행했다. 그는 외부 출입이 엄격히 제한된 데지마 내에서, 서기·통역·의사 등 약 15~30명의 인원과 함께 지냈으며, 일본 측 통역관과 감시관이 이들을 철저히 관리했다. 상관장의 에도 방문 의례는 '산푸(參府)'라 하여 외교적 형식을 갖추었으나, 실상은 막부가 외교를 독점하고 서양 정보를 선별적으로 수용하려는 체제의 일환이었다.

데지마는 이러한 폐쇄적인 외교 틀 속에서도 유럽의 과학과 문화가 제한적으로 유입되는 경로였으며, 18세기 중엽부터 '난학(蘭學)'으로 대표되는 서양학문의 수용과 발전이 이루어지기 시작했다. 난학은 네덜란드어를 매개로 한 유럽 과학 지식의 연구 분야로, 일본 학자들은 네덜란드 서적을 번역하고 실험하며 일본식 해석을 가미하여 독자적인 학문 체계를 구축해 나갔다.

대표적인 난학자로는 스기타 겐파쿠(杉田玄白), 나카가와 게이도(中川圭堂), 우에다 겐나이(上田玄斎) 등이 있다. 이들은 네덜란드 해부서를 번역하여 일본 최초의 서양 해부학서인 『해체신서(解体新書)』를 간행했고, 난학은 단순한 정보 수용을 넘어 일본 근대 과학, 의료, 교육제도의 형성에 직접적인 영향을 미쳤다.

난학의 발전과 데지마의 상징성을 함께 보여주는 인물이 바로 독일계 네덜란드 국적의 의사 시볼트(Philipp Franz von Siebold, 1796~1866)이다. 그는 1823년 데지마에 네덜란드 정부의 의무관으로 파견되어, 일본의 식물, 동물, 민속, 의학, 지리 등 폭넓은 분야를 연구하여 『일본(Japan)』을 비롯하여 다양한 논문과 보고서를 집필했다. 또한 나가사키 외곽의 '나루

타키 주쿠(鳴滝塾)'를 설립해 일본인들에게 서양 의학과 자연과학을 교육했고, 그의 제자들은 훗날 메이지 유신기 과학·의학 발전의 주역이 되었다.

그러나 시볼트는 일본의 군사기밀인 지도를 외부로 반출하려한 '시볼트 사건'으로 추방되었으며, 이는 막부의 정보통제 체제가 서양 문물의 수용을 제한적으로만 허용했음을 보여주는 사례이다.

19세기 중반, 페리 제독의 흑선(黑船) 방문(1853)을 계기로 일본은 개국을 결정했고, 1859년 나가사키항이 공식 개항되면서 데지마의 기능은 사실상 종료되었다. 이후 데지마는 육지와 연결되어 섬의 원형이 사라졌고, 도시화 속에 그 흔적마저 점차 사라져갔다.

그러나 20세기 후반, 데지마의 역사적 가치에 대한 재인식이 이루어졌고, 1980년대 이후 본격적인 복원 사업이 추진되었다. 현재는 네덜란드 상관장 관저, 창고, 입국 검문소, 무역소, 통역소 등이 당시 건축양식을 바탕으로 복원되어 있으며, 일본이 대외문물을 어떻게 선택적으로 수용하고 관리했는지를 보여주는 상징적인 장소로 자리 잡고 있다.

이처럼 국학·양명학·난학은 각기 다른 방향에서 19세기 중반 일본이 맞닥뜨린 국가적 위기에 대응하는 사상적 근거를 제공했다. 그 가운데에서도 아이자와 세이사이, 요시다 쇼인, 가츠 가이슈와 같은 사상가들은 이러한 흐름을 실천적 정치 운동으로 연결시키며, 메이지 유신의 정신적 전위대로 기능하게 된다.

아이자와 세이사이, 『신론』   요시다 쇼인, 『유혼록』   가츠가이슈, 『빙천청화』

아이자와 세이사이[会沢正志斎, 1782-1863]는 미토학파(水戸学派)의 중심 인물로, 1825년 『신론(新論)』을 저술하여 천황 중심의 국가관과 서양의 침략에 대한 경계심을 강하게 표현했다.

아이자와는 국학의 영향을 받아 일본 고유의 정체성과 황실의 위상을 중시했으며, 서양 세력의 팽창을 "오랑캐의 침탈"로 규정하고, 일본이 반드시 지켜야 할 정치적 대의를 '존왕양이(尊王攘夷)'로 천명했다. 그는 "존왕양이가 천하의 대의이다(尊王攘夷、則天下之大義也)"라고 단언하며, 막부를 대신한 천황 중심 국가 체제 회복과 외세 배격을 지식인의 책무로 강조했다. 이 문구는 이후 수많은 젊은 무사와 학자들에게 정신적 나침반이 되었고, 존왕양이론이 정치운동의 이념적 기반으로 자리 잡는 데 결정적 기여를 했다.

한편, 요시다 쇼인[吉田松陰, 1830-1859]은 실천적 사상가로서, 사상과 행동의 일치를 중시한 양명학적 윤리관을 현실 정치로 끌어올린 인물이었다. 조슈번 출신인 그는 페리 내항 이후 일본의 위기를 누구보다 날카롭게 인식했고, 이에 대응하기 위해서는 단순한 쇄국이 아니라, 근대적 국력의 배양과 정치 주체의 전환이 필요하다고 보았다. 그가 운영한 쇼카손주쿠(松下村塾)는 단순한 사숙이 아니라, 실천적 인재 양성소로 기능했다. 그는 "몸을 닦고 세상을 구제하는 것은 지사의 본분이다." 라고 강조했는데, 이는 지행합일(知行合一)이라는 양명학의 신념을 바탕으로 한 실천 철학의 정수를 보여준다.

요시다 쇼인은 단순한 이론가가 아닌 행동가로서 시대 전환을 모색했고, 그의 문하에서는 이토 히로부미, 다카스키 신사쿠, 기도 다카요시 등 메이지 유신의 핵심 주역, 92명이 배출되었다.

그는 "외세를 물리치기 위해서는 천황 중심의 새로운 질서가 필요하다." 고 주장하며, 유신 사상의 인적·사상적 기반을 마련한 핵심 인물로 평가된다. 특히 요시다 쇼인이 제자

들에게 가르친 정신적 자세와 지도자 수양의 핵심가치는 다음 4가지이다. 소위 '사람 만들기[人づくり]'의 인생관과 생사관으로 입지(立志)-지성(至誠)- 비이장목(飛耳長目)- 사이후이(死而後已)로 집약된다.

첫째, 입지(立志)는 뜻을 세우는 것이다. 어원은 고고로 잣시(志)이며 뜻, 의지, 포부를 말한다. 쇼인은 "뜻을 세우는 것이 만사의 근본이다.(志を立てて以て万事の源と為す)"라고 하면서, 인간은 무엇을 위해 살아갈 것인가에 대한 근본적 물음에서 출발해야 한다고 했고, 국가, 백성, 시대를 위한 공적 사명을 삶의 중심에 둘 것을 요구했다. 그리고 이는 단순한 개인적인 욕망이 아니라, 대의(大義)를 향한 자기 결단이라고 했다. 기병대 창설로 유신의 불을 붙인 다카스키 신사쿠(高杉晋作)도 이 의미에서 "조국을 구하겠다"는 뜻을 입지한다고 스스로 선언했다.

둘째, 지성(至誠), 즉 지극한 진심과 성실함으로 실천한다는 것이다. 쇼인은, "지극한 정성으로 감동시키지 못할 사람은 없다.(至誠にして動かざる者は未だこれあらざるなり)"라고 하면서, 인간 행동의 원리를 정직한 마음과 진심(誠)에서 찾았다. 이것은 공감과 감동, 그리고 신뢰의 기반이 되는 인간관계의 핵심이며, 지도자에게는 말과 행동의 일치, 즉 실천을 수반한 정직함이 필요하다고 보았다. 쇼인 자신도 형장의 이

슬이 되기 전까지도 "진심으로 죽음을 받아들인다"고 고백했다.

셋째, 비이장목(飛耳長目)의 안목이다. 중국 고전『한서(漢書)』곽광전(霍光傳)에서 나오는 말로 비이(飛耳)란 날아다니는 귀란 뜻으로 멀리 있는 소리도 듣는 귀이며, 장목(長目)이란 멀리 내다 보는 눈으로 각종 정보를 듣고 시대를 통찰하는 안목을 의미한다. 쇼인은 제자들에게 세계 정세와 시대 변화에 민감한 감각을 갖추라고 요구했다. 이는 국제 정세에 둔감했던 막부 정치를 비판한 쇼인의 현실 인식과도 연결된다. 그는 미국 페리 제독의 내항을 목격하고, 일본의 미래를 꿰뚫는 눈을 강조했다.

넷째, 사이후이(死而後已)의 정신으로 죽을 때까지 뜻을 멈추지 않음을 의미한다. 출전은『논어(論語)』헌문편(憲問篇)에 나오며, "지사는 생존을 위해 인을 해치지 않으며, 목숨을 바쳐 인을 이룬다(志士仁人 無求生以害仁 有殺身以成仁)"는 뜻으로 "죽음을 각오하고라도 뜻을 관철하라"고 가르쳤다. 이는 단순한 충성심이 아니라, 정의와 대의를 위해 자기 희생을 감수하는 정신이다. 쇼인은 자신의 삶이 바로 이 표현을 실천한 예로, 결국 국가의 미래를 위해 처형을 받아들임으로써 생을 마쳤다. 그는 최후 진술,『유혼록(留魂錄)』에서 "나는 죽음을 두려워하지 않는다. 오직 내가 전하려 한 도(道)를 따르라"고

제자들에게 남겼다.

요시다 쇼인의 이 네 가지 가르침은 단순한 사상이라기보다, 변화의 시대를 살아가는 지도자에게 요구되는 실천 윤리였다. 그는 말로만 가르친 것이 아니라, 스스로 그 길을 몸으로 살아낸 스승이었기에, 제자들은 그를 단순한 학문적 지도자가 아니라 삶의 등불로 존경했다. 이 네 항목은 오늘날에도 지도자 정신, 교육철학, 공공성, 사회적 책임을 고민하는 이들에게 깊은 울림을 준다.

가츠 가이슈[勝海舟, 1823-1899]는 전통과 실용, 이상과 현실 사이에서 서구 문명 수용과 일본적 대응을 고민한 실천적 개화론자였다. 그는 네덜란드 유학을 통해 서양식 해군 기술을 습득했고, 귀국 후에는 막부 해군 창설에 기여하며 과학기술 수용의 실용성을 역설했다. 그는 『빙천청화(氷川淸話)』에서 "서양의 기술을 배우지 않으면, 국가는 존속할 수 없다."고 단언한다. 이 말은 가츠가 현실 정치와 국제 정세를 직시하며 문명개화론의 실용적 정당성을 가장 먼저 인식했음을 보여준다. 그는 일본이 독립을 유지하려면 서구를 단순히 배척할 것이 아니라, 그 원리를 이해하고 일본 현실에 맞게 융합해야 한다고 주장했다. 후쿠자와 유키치와 더불어 문명개화론의 실천적 기초를 형성했고, 1868년에는 도쿠가와 요시노부의 대정봉환 교섭을 담당하여 막부 말기 평화적 정리에도 결정적 기여를 했다.

이들 세 인물은 출신 지역도, 사상적 기반도 달랐지만 기존 체제의 한계를 직시하고 새로운 일본의 방향을 고민했다는 점에서 막부 말기 사상 전환기의 대표적인 인물들이었다.

아이자와는 국가의 도덕적 토대를 재정의했고, 요시다는 행동을 통한 혁신을 촉진했으며, 가츠는 실용주의적 개화론을 현실에 적용했다. 이들은 각각 국학·양명학·난학의 정신을 계승하며, 사상과 현실을 연결하고, 근대 국민국가로의 이행을 준비하는 지적 에너지를 제공했다. 이처럼 국학·양명학·난학·유교 등 다양한 사상 흐름들이 막부 말기 일본 사회에서 융합되며, 결국 존왕양이(尊王攘夷)라는 정치 이념으로 집약되었던 것이다.

이는 친황을 중심으로 나라를 재정비하고, 서구의 침략을 배격해야 한다는 이념으로 메이지 유신의 정신적·사상적 기반이 되었다. 이러한 전환은 외세의 위협이라는 외부 충격과 막부 체제의 한계를 인식한 내부 비판이 만나 사상에서 실천으로, 교육에서 정치로 이어진 변화의 흐름이었다. 그리고 바로 그 지점에서, 근대 일본 사상의 출발점이 형성되었던 것이다.

제2장

쇄국에서 개국으로
: 혼란과 대립, 연대의 길

1. 나마무기 사건과 외세 충돌
2. 시모노세키 전쟁과 사쓰에이 전쟁
3. 죠슈 파이브와 사쓰마 스튜던트
4. 막부파와 존황파의 대립과 충돌
5. 삿초동맹과 삿토동맹, 정치연대의 형성
6. 대정봉환과 왕정복고
7. 보신(戊辰)전쟁

1 나마무기 사건과 외세 충돌

1854년, 도쿠가와 막부는 미국과 체결한 미일화친조약(가나가와 조약, 1854)을 기점으로 개항의 문을 열었다. 이 조약은 일본이 미국과 처음으로 맺은 불평등 조약으로, 시모다(下田)와 하코다테(函館)를 개항하고, 미국 선박의 기항과 식량·연료 보급을 허용하는 내용을 담고 있었다. 이후 일본은 불과 몇 년 만에 영국, 프랑스, 러시아, 네덜란드 등 서구 열강들과 유사한 조약을 잇달아 체결하면서 개항의 길로 본격적으로 나아갔다. 그리고 1859년, 요코하마(横浜), 나가사키(長崎), 하코다테(函館)를 중심으로 외국인 거류지가 정식으로 개설되었다.

초기 외국인 거류지는 일본 내부에서도 일종의 치외법권 지역이었다. 외국인들은 이 지정된 구역 안에서만 거주하고 상업 활동을 할 수 있었으며, 일본법이 아닌 자국 영사재판권의 적용을 받았다. 이들 지역에는 서양식 건축양식, 상점, 교회, 호텔, 은행, 인쇄소 등이 들어섰고, 일본 속의 '소유럽'으로 변모했다. 특히 요코하마는 일본 최대의 외국인 거류지로 성장했으며, 1860년대 후반에는 이 도시 한 곳에만 2,000명 이상의 외국인이 거주했다. 당시 일본 전체의 외국인 거주자는 약 3,000~4,000명으로 추정된다.

주요 외국인 거류지와 인구(1860년대 기준)

거류지	위치	주요 국적	인구수(추정)
요코하마	가나가와	영국, 미국, 프랑스	약 2,000명
나가사키	규슈	네덜란드, 영국	약 600~800명
하코다테	홋카이도	러시아, 미국	약 300명
고베(1868년 개항)	효고	영국, 프랑스	초기 약 500명

거류지에서는 외국 상인들이 일본의 차, 비단, 도자기 등을 수출하는 한편, 면직물, 시계, 무기, 알코올, 약품 등을 수입했다. 일본 상인들과는 '거간인(通訳商)'이라 불리는 중개인을 통해 교섭이 이루어졌으며, 이 과정에서 서구식 상업 계약과 법적 관습이 점차 유입되기 시작했다.

외국인들은 거류지 안에 서양식 주택, 병원, 학교, 사교 시설까지 세우고, 자신들만의 자족적인 생활세계를 형성했다. 예를 들어 요코하마에는, 서양식 교회당, 『Grand Hotel』 같은 호텔, 정원, 테니스장, 사교클럽 등이 조성되었고, 외국인들은 일본인 하인과 요리사를 고용하며 높은 생활 수준을 누렸다. 당시 일본에서는 보기 힘들었던 와인, 빵, 우유 같은 수입 식품도 소비되었으며, 일본 상류층이 이를 모방하거나 동경하는 문화적 영향도 발생했다.

그러나 이러한 외국인의 일본 내 활동은 항상 평화롭지만은 않았다. 생활 문화, 언어, 예절의 차이로 인해 일본인과 외국인 사이에는 잦은 충돌이 발생했다. 대표적인 사건이 바로 1862년의 나마무기 사건이다.

나마무기 사건은 영국 상인 찰스 레녹스 리처드슨(Charles Lennox Richardson)이 사쓰마번 번주 시마즈 히사미쓰(島津久光)의 공식 행렬을 가로지르다가 사쓰마 무사들에게 살해당한 사건을 말한다. 사건의 경과는 다음과 같다.

나마무기 마을의 죽음(하야가와 쇼잔그림)

1862년 9월 14일, 가나가와현 요코하마 인근의 작은 마을 나마무기(生麦)에서 일본의 봉건 질서와 서구 국제 질서가 충돌하는 상징적인 사건이 발생했다. 이른 아침, 사쓰마번주 시마즈 히사미쓰가 4백여 명의 호위 무사를 거느리고, 참근교대(參勤交代)의 정식 행렬을 이끌고 에도에서 교토로 이동 중이었다. 그런데 같은 시간, 요코하마에 머물던 영국인 상인 4명(찰스 리처드슨, 윌리엄 클라크, 마리엇, 윌리엄 보로즈)이 말을 타고 가마쿠라 방면으로 외출 중이었다. 이들은 일본의 관습에 익숙하지 않았고, 특히 리처드슨은 과거부터 "일본은 외국인의 자유를 보장해야 한다"고 주장해 온 인물로, 일본 전통 예법에 대한 경시 태도를 보여 왔다.

결국 두 무리가 좁은 길목에서 마주치며 충돌이 일어났다. 일본의 관례에 따르면, 번주의 행렬을 만난 자는 말에서 내려 고개를 숙이고 지나가기를 기다려야 했지만, 리처드슨 일행은 말을 탄 채 행렬에 접근했다. 특히 리처드슨은 행렬 안쪽으로 앞장서서 파고드는 듯한 행동을 보였고, 이는 사쓰마 무사들의 눈에 '군신의 위계에 대한 중대한 모욕'으로 비춰졌다.

사쓰마 무사들은 경고 없이 칼을 뽑았고, 리처드슨은 현장에서 칼에 베여 즉사했다. 동행자 중 2명도 부상을 입고, 간신히 요코하마로 도망쳐 목숨을 건졌다.

이 충격적인 사건은 순식간에 국내외에 알려졌고, 주일 영국 공사관은 이를 "외국인에 대한 야만적 폭력 행위"로 규정하며, 도쿠가와 막부와 사쓰마번 양측에 강력히 항의했다. 영국은 다음과 같은 요구를 일본 측에 공식 제시했다. 사건에 대한 공식 사과, 가해자의 인도 및 처벌, 피해자 유족에 대한 배상 등이 있다. 그러나 문제는 당시 일본의 정치 구조에 있었다.

도쿠가와 막부는 사쓰마와 같은 유력 번에 대해 직접적인 강제력을 행사할 수 없었고, 사쓰마번은 자치권을 주장하며 사건의 책임을 부인했다. 더욱이 사쓰마 측은 무사도의 관습에 따라 "리처드슨의 행동은 군신의 권위를 모욕한 것으로, 무사의 대응은 오히려 정당하고 당연한 조치였다."고 강변했다.

협상이 장기간 난항에 빠지자, 영국은 군사적 압박을 결심했고, 이듬해인 1863년 8월, 가고시마(鹿兒島)를 포격하는 사쓰에이 전쟁(薩英戰爭)을 일으켰다.

결국 이 사건은 단순한 외교 분쟁이 아닌, 개국과 쇄국, 무사도와 국제 질서, 지방 자치와 중앙 권력 사이의 복합적 갈등이 엉켜서 충돌하는 역사적인 사건이었다. 이는 근대 일본의 개막을 알리는 첫 총성이자, 메이지 유신의 쇄국양이에 대한 인식을 바뀌게 하는 역사적인 계기를 만들어 갔다.

2   시모노세키 전쟁과 사쓰에이 전쟁
- 쇄국양이에서 개국양이로

이 시기에 일본의 쇄국 양이파의 생각을 바꾸게 하는 또 하나의 사건이 일어났다. 조슈번에서 일어난 시모노세키 전쟁이었다.

1863년 3월, 교토 조정으로부터 '외국을 물리치라'는 양이칙명(攘夷勅命)이 내려지자, 막부장군은 5월 10일을 양이의 기일로 정했고, 조슈번은 이를 행동으로 옮기기 위해 1863년 5월, 시모노세키 해협을 무단으로 점거하고, 이 해협을 통과하는 외국 상선과 군함에 공격을 가하기 시작했다. 시모노세키 해협은 일본 서해안과 세토 내해(瀨戶內海), 그리고 본토를 연결하는 국제 해상 교통의 요지로, 미국, 영국, 프랑스, 네덜란드 등의 상선이 빈번히 오가는 전략적 수로였는데, 조슈번에서 '국권 수호'와 '천황의 권위 회복'이라는 명분 아래 해안 포대를 설치하고 외국 함선에 직접 포격을 가하며 무력 양이(攘夷)를 개시한 것이다. 그러나 이 포격은 곧바로 열강의 무력 보복을 불러왔고, 그 이듬해인 1864년 9월에는 영국,

프랑스, 네덜란드, 미국의 연합 함대(총 17척)가 시모노세키 해협에 집결하여 조슈의 해안 포대를 집중 포격했고, 해병대를 상륙시켜 본격적인 전투에 돌입했다. 조슈군은 선전했으나, 서구 열강의 첨단 무기와 전술에 밀려 불과 3일 만에 주요 포대가 함락되고, 조슈는 철저히 패배했다. 전투 이후 조슈는 연합국과의 외교 협상을 통해 향후, 해협을 개방하고, 포대를 철거하고 무기를 해체하며, 약 300만 냥(당시 약 30만 달러 상당)의 배상금을 약속했고, 막부가 대신해서 지급하게 되었다. 이는 사실상 무력 양이 노선의 실패를 공식적으로 인정한 것이었다.

시모노세키 포대 모습

이 충격적인 패배를 계기로, 조슈 내부에서는 근대화와 군제 개혁, 개국 정책의 도입이 빠르게 추진되었다. 특히 이후 이토 히로부미, 야마가타 아리토모 등 급진파 개혁 세력이 번정(藩政)을 장악하고, 실질적인 정치·군사 개혁을 주도하게 된다.

이러한 변화는 훗날 조슈번이 사쓰마번과 연합해 메이지 유신의 주도 세력으로 부상하는 기반이 되었으며, 시모노세키 전쟁은 그 전환점이자 출발점이었다. 조슈는 서양과의 무력 충돌에서 패배한 경험을 토대로 '실패의 혁신'을 실현했고, 이는 일본의 근대국가 건설에 있어 핵심적인 에너지로 작용했다.

이와는 별도로 앞서 요코하마 인근 나마무기(生麦)에서 발생한 '나마무기 사건'이, 이후 사쓰에이 전쟁(薩英戰爭)의 도화선이 되었다. 영국은 이 사건을 자국민에 대한 야만적 폭력 행위로 규정하고, 막부와 사쓰마번 양측에 공식적인 사과와 살해자의 인도 및 처벌, 피해 유족에 대한 배상을 요구했다. 도쿠가와 막부는 일정 수준의 사과와 배상 의사를 표명했지만, 사쓰마번은 "우리의 대응은 무사도의 관례에 따른 정당한 조치였다"고 주장하며, 영국의 요구를 전면 거부했다.

협상이 결렬되자, 영국은 무력 수단을 통해 사쓰마를 압박하기로 결정했다. 그리하여 1863년 8월, 영국 해군 제독

찰스 호프(Charles Hope)는 전함 7척을 이끌고 가고시마만(鹿兒島湾)에 진입해 최후 통첩 형식의 협상을 시도했다. 그러나 사쓰마번이 이를 거부하자, 영국 해군은 곧바로 사쓰마번 소속 상선과 군수 물자를 나포하고, 이어 가고시마 시내에 대한 포격을 개시했다. 이에 사쓰마는 해안 포대를 통해 응사하며, 양측은 사흘간 치열한 포격전을 벌였다.

가고시마 시내는 화염에 휩싸였고, 다수의 민가와 창고가 전소되었으며, 영국 함선 일부도 손상을 입고, 해군 병사들 중 전사자가 발생했다. 비록 어느 쪽도 결정적인 승리를 거두지는 못했지만, 사쓰마는 영국 해군의 군사력·기술력·조직력에서의 압도적 우위를 뼈저리게 실감하게 되었다. 전투 종료 직후, 사쓰마는 사태의 장기화를 피하기 위해 외교 협상에 나섰고, 결국 찰스 리처드슨 유족에게 2만 5천 파운드의 배상금을 지불하는 데 합의했다. 가해자 처벌 문제는 끝내 회피되었지만, 양측은 이후 외교적 긴장을 완화하고, 오히려 실용적이고 우호적인 관계로 전환해 나갔다.

사쓰마는 이번 전쟁을 통해 "서양 세력과의 정면 충돌은 현실적으로 불가능하다"는 인식을 강하게 했고, 전통적 무사 체제와 양이론(攘夷論)의 한계를 자각했다. 이에 따라 사쓰마는 외세를 단순히 배척하는 것이 아니라, 협력을 통한 실리 추구와 국익 확보를 새로운 전략으로 채택하게 된다.

이처럼 시모노세키 전쟁과 사쓰에이 전쟁의 파장은 일본 사회 전체에 깊은 인식의 전환을 불러왔다. 조슈와 사쓰마는 이번 충돌을 계기로 쇄국에서 개국으로, 무사 중심 사회에서 근대 국민국가로, 배타적 양이론에서 실용적 개국과 문명개화론으로 나아가는 결정적 전환을 이루게 된다. 이 두 전쟁은 단순한 군사 분쟁을 넘어, 일본이 세계 질서로 진입하는 중요한 이정표로 역사에 남게 되었다.

3   조슈 파이브와 사쓰마 스튜던트

조슈 파이브

19세기 중엽, 도쿠가와 막부는 1854년 미국과의 가나가와 조약 체결을 시작으로 외세의 압박 속에서 개항에 나섰다. 그러나 정치 내부에서는 여전히 첨예한 대립이 지속되었다.

한쪽은 쇄국과 양이(攘夷)를 고수하는 보수 세력, 다른 한쪽은 개국과 근대화의 필요성을 주장하는 개혁 세력이었다.

이런 상황에서 조슈번(長州藩)은 처음에는 무력 양이 노선을 실천하는 급진 세력으로 두각을 나타냈지만, 이 시기 요시다 쇼인의 제자들을 중심으로 근대화를 하려면 서구문명을 적극적으로 수용해야 한다는 자각이 이루어졌다. 그 전환의 상징적 행보가 바로 젊은 인재들의 영국 파견이었다.

조슈번은 이들을 통해 서양의 기술, 사상, 정치 제도를 직접 경험하게 함으로써 향후 자국의 개혁과 국가 건설에 필요한 지식과 통찰을 확보하고자 했다. 하지만 당시 일본은 여전히 국외 출국 금지령(鎖国法)을 유지하고 있었기에, 정부의 공식 허가를 받는 합법적인 유학은 불가능한 상황이었다. 결국 이들은 밀항(密航)이라는 비공식 경로를 택해야 했다.

1863년 6월, 조슈번의 중간 지사(中間士族) 출신 이노우에 가오루(井上馨)와 이토 히로부미(伊藤博文)를 중심으로 한 다섯 명의 젊은 청년들은, 나가사키에서 영국 무역상 토머스 글로버(Thomas Glover) 등의 도움을 받아 몰래 출국해 영국으로 밀항했다. 이들은 훗날 '조슈 파이브(Chōshū Five)'로 불리며, 일본 최초의 실질적 해외 유학생 그룹이자, 메이지 일본의 설계자들로 역사에 기록된다.

조슈 파이브

이름	당시 나이	주요 활동 및 역할
이토 히로부미 (伊藤博文)	23세	일본 제1·5·7·10대 총리, 초대 내각제 수립자, 헌법 제정 주도
이노우에 가오루 (井上馨)	29세	외무대신, 재무대신, 공업 진흥 주도, 관민합작 모델 창출
야마오 요조 (山尾庸三)	23세	공학교육과 산업발전에 기여
엔도 긴스케 (遠藤謹助)	23세	재무성·공업성 관료, 조폐국 설립 기획
이노우에 마사루 (井上勝)	22세	해군·상공 정책 담당

이들은 영국에 도착한 후, 런던 대학교의 유니버시티 칼리지 런던(University College London, UCL)에서 학업을 시작했다. 이곳에서 그들은 자유주의 사상, 근대 정치 이론, 국제법, 과

조슈 파이브
왼쪽부터 앞쪽 이노우에 가오루, 야마오 요조, 뒤쪽 엔도, 이노우에 가오루, 이토 히로부미

학기술과 산업구조 등을 체계적으로 접하게 되었다. 특히 이토와 이노우에는 영국의 의회제도, 헌정주의, 시민사회 모델에 깊은 인상을 받았고, 이는 이후 일본에 입헌군주제와 내각제를 도입하는 데 있어 중대한 사상적 기반이 되었다.

특히 이토 히로부미는 1866년 사쓰마번과의 연합(薩長同盟) 성사에 관여했고, 1868년 메이지 정부 수립에서는 중추적 역할을 맡았다. 이후 그는 헌정체제와 입헌군주제의 도입,

내각제 확립이라는 근대 일본 정치의 틀을 설계하며, 사상과 실천을 아우른 '근대국가의 엔지니어'로 평가받게 되었다.

이노우에 가오루는 귀국 후 외무성과 재무성의 요직을 맡아, 관영 산업 육성, 철도망 건설, 근대적 은행 제도의 도입, 조선 기술 이식, 외국 기술자 초빙 제도(御雇外国人, 오야토이 가이코쿠진) 등을 주도했다. 이러한 그의 활동은 단순한 서구 문물의 수용을 넘어, 근대 일본 경제의 실질적 기반을 구축하는 데 핵심적인 역할을 했다.

특히 주목할 점은, 이들이 당시 국내법상 금지되어 있던 출국을 감행한 불법 밀항자들이었다는 사실이다. 그럼에도 조슈번은 이들의 유학을 비밀리에 후원했고, 결과적으로 이들의 경험은 조슈 내부의 근대화 전략과 번정 개혁, 그리고 중앙 권력 진출로 이어지며 메이지 유신의 제도적 기반을 선행적으로 마련하게 되었다.

결론적으로 조슈 파이브는 메이지 유신의 정신적 기초이자 실질적 실행 세력이었다. 무력 충돌만으로는 외세를 극복할 수 없다는 교훈을 얻은 조슈는, 이들을 통해 외부 세계로 눈을 돌리고, 지식과 제도를 수용하는 전략적 전환을 실천했다. 이 다섯 청년은 일본이 세계 속의 국가로 서기 위한 기반을 마련한 '지적 선봉대'였으며, 그들의 역할은 단순한 유학을 넘어선 하나의 사상적 전환점이자 정치 혁신의 기폭제가 되었다.

사쓰마 스튜던트

1863년의 사쓰에이 전쟁(薩英戰爭)은 사쓰마번에게 군사적 패배이자 사상적 전환의 결정적 계기가 되었다. 이 짧지만 격렬했던 전투를 통해 사쓰마는 서양 열강의 압도적인 군사력과 기술력을 체감했고, 무력 양이(攘夷)로는 외세를 물리칠 수 없다는 현실을 받아들였다. 이러한 충격은 사쓰마가 폐쇄적 반외세 노선에서 벗어나 실용적 개국과 근대화 노선으로 방향을 전환하는 계기가 되었다.

전쟁 직후, 사쓰마번 지도부는 보다 근본적인 체제 개혁과 기술 습득의 필요성을 인식했고, 곧바로 유럽에 젊은 인재를 파견하기로 결정했다. 이 결정에 따라 1865년 6월, 사쓰마번은 영국 런던으로 유학생단 19명을 공식 파견했다. 이는 조슈 파이브보다 규모가 크고, 또 번의 공식 지시에 따른 정식 유학이라는 점에서 일본 최초의 조직적인 유학생단이라는 역사적 의미를 가진다. 가고시마에서는 이들을 '사쓰마 스튜던트(Satsuma Students)'라고 불렀다.

이 유학생단은 번주 시마즈 타다요시(島津忠義)의 명의로 파견되었으며, 겉으로는 '상공·기술 연구'를 명분으로 삼았지만 실제로는 서양 문명과 제도에 대한 실질적 습득이 주된 목적이었다. 당시에도 국외 출국 금지령이 유효했기 때문에, 이들은 토머스 블레이크 글로버(Thomas Glover) 등 영국 상인을 통한 비공식 루트를 통해 출국했다.

사쓰마 유학생들은 런던에 도착한 이후 유니버시티 칼리지 런던(University College London, UCL)을 비롯해 민간 기술학교, 공학 연구소, 군사 기관 등을 오가며 다양한 실무 교육을 받았다. 이들은 공업, 토목, 광산, 해군, 철도, 외교, 법률, 정치 제도 등 서양의 근대 체제를 전방위적으로 체험했고, 단순한 학문적 탐구를 넘어 실천 가능한 개혁 구상을 형성했다.

특히 이들은 유럽 열강의 해군력과 조선 기술에 깊은 인상을 받았으며, 귀국 후 사쓰마 해군 창설, 공업 육성, 제철소 설립, 무기 제조 시설 확충 등의 실질적 개혁을 이끌었다. 그중 일부는 후에 메이지 정부에 참여하여 중앙 권력에서도 중추적 역할을 하게 된다.

현재까지 사쓰마 스튜던트 중 16명의 사진이 남아 있으며, 이들은 서구와의 충돌을 통해 교훈을 얻고, 이를 제도와 정책으로 전환한 실천 세력이자, 메이지 유신을 준비한 지적 선봉대였다. 이들의 존재는 일본이 세계 속 근대국가로 도약하기 위한 사상적, 제도적, 기술적 기반을 마련하는 데 결정적인 기여를 했다.

사쓰마 스튜던트 16명의 사진만 남아있다

영국으로 파견된 사쓰마 유학생단에는 후일 일본의 정계와 산업계에서 핵심적 역할을 하게 될 인물들이 다수 포함되어 있었다. 유학 당시 이들의 연령은 최장 33세, 최연소 13세로 다양했으며, 유학에 필요한 막대한 비용은 가고시마 이부스키(指宿)의 무역상 하마사키 타헤이지(浜崎太平次)가 후원한 것으로 알려져 있다. 19명의 유학생 중 10명이 군 관련 인사였고, 그중 8명은 조선과 해군 분야를 전공했다.

이들은 귀국 후 각자의 전문 분야에서 두드러진 활약을 펼쳤다. 예를 들어, 고다 사이스케(五代才助)는 귀국 후 상공정책을 담당하며 오사카 상업회의소 창립과 근대 상업 제도 확립에 기여했다. 나가사키 요사부로(長崎善三郎)는 외무성과 해군 분야에서 활동했으며, 도모노 가즈오(友野一男)와 이케우치 도키지로(池内時治郎) 등은 조선 기술과 기계공업 부문에서

사쓰마 스튜던트 일람표

자격	신분	성명	개명	전공	연령	비고
시찰원	大目付	新納 刑部	石垣 銳之助	正使	33	사법성관사·大島支廳長
	船奉行	松木安右衛門	出水 泉藏	정치외교	33	外務卿·元老院議長
	船奉行副役	五代 才助	關 硏藏	산업무역	30	大阪상법회의소 會頭 관서무역회사 사장
	通辯	堀 壯十郎	高木 政次	통역		
유학생	大目付·開成所掛	町田 民部	上野 良太郎	督學	27	內務大書記官·博物局長
	当番頭	畠山 丈之助	杉浦 弘藏	육군축성	23	文部省中督學 동경개성학교 교장
	当番頭	名越 平馬	三笠 政之介	육군대포	21	
	御小姓組番頭	村橋 直衛	橋 直輔	육군학술	23	開拓權少書記官
	開成所句讀師	田中 靜洲	朝倉 省吾	의학물산	23	工部省生野鑛產局長
	開成所訓導師	鮫島 誠藏	野田 仲平	英學	20	駐佛公使·外務大輔
	開成所第一等諸生	市來 勘十郎	松村 淳藏	해군운용측량	23	해군중장·해군병학교장
	開成所第二等諸生	森 金之丞	澤井 鐵馬	同上	18	주영공사·문부대신
	開成所第二等諸生	高見 彌市	松元 誠一	同上	31	현립중학조사관교원
	開成所第三等諸生	東鄕 愛之進	岩屋 虎之助	해군기계	23	보신전쟁에서 전사
	開成所第三等諸生	吉田 巳二	永井 五百介	同上	20	주미공사·농상무대보
	開成所第二等諸生	磯永 產輔	長澤 鼎	(조선)	13	포도원·와인회사 경영
	開成所諸生	町田 申四郎	鹽田 權之丞	해군기계	18	
	開成所諸生	町田 淸臓	淸水 幕次郎	(조선)	14	
	의사	中村 宗見	吉野淸左衛門	分理醫學	22	駐蘭공사·원로원의장

중추적 역할을 수행했다.

사쓰마 유학생단은 조슈 파이브와 마찬가지로 메이지 정부의 문명개화 정책과 직접 연결된 인재들이었다. 그러나

사쓰마 스튜던트 뮤지엄

이들은 기술 중심의 실용주의 성향이 강했고, 관민 협력 모델을 지향한 점에서 뚜렷한 특색을 보였다. 조슈 파이브가 정치·헌정 중심의 국가 설계에 중점을 두었다면, 사쓰마 유학생단은 국방력 강화, 공업화, 상공 네트워크 구축에 보다 집중했다. 현재 가고시마현 이치쿠시키노시 하시마에 세워진 '사쓰마 스튜던트 뮤지엄'에는 이들에 관한 각종 자료가 남아있고, 런던 대학에도 기념석이 세워져 있다.

1860년대부터 1890년대까지 일본 유학생

19세기 중엽, 일본은 서구 열강의 압박 속에서 개국

을 단행하며 근대화의 첫걸음을 내디뎠다. 그러나 정치 제도, 군사력, 과학기술 등 국가 기반은 여전히 봉건적 수준에 머물러 있었고, 이 격차를 극복하기 위해 메이지 정부는 서구 문명을 수용할 수 있는 인재 양성에 주력했다.

1860년대 초반까지 일본은 국외 출국이 금지된 상태였기 때문에 유학은 번 단위 혹은 개인의 밀항 형태로 제한적으로 진행되었다. 1863년, 조슈번의 이토 히로부미와 이노우에 가오루를 포함한 청년 다섯 명이 영국으로 밀항한 사건은 일본 최초의 근대 유학 사례로 기록되며, '조슈 파이브'라는 이름으로 후대에 기억된다. 이어 1865년에는 사쓰마번이 19명의 유학생을 조직적으로 영국에 파견했고, 이들은 귀국 후 공업·군사·상공 분야에서 실질적 개혁을 이끌었다. 이처럼 1860년대 후반까지 일본의 유학생은 약 30~40명 수준으로 추산된다.

1868년 메이지 유신 이후, 중앙정부는 유학을 제도화하기 시작했다. 1871년 이와쿠라 사절단 107명은 공식적으로는 외교 사절단의 형식을 띠었지만, 50여 명의 청년 유학생이 동행하여 유럽과 미국의 정치 제도, 산업 체계, 교육 방식을 학습했다. 출발하는 이들을 전송하는 태정대신 산조 사네토미의 전송사에 메이지 신정부가 이들에게 거는 기대가 그대로 담겨있다.

"외국과의 교제는 국가의 안위에 관련되며 사절의 능력 여부는 국가의 영욕에 관계된다. 지금은 대정유신(大政維新)하고 해외 각국과 어깨를 나란히 할 때이니 그 사명을 만 리나 떨어진 곳에서 완수해야 한다. 내외 정치와 성공 여부가 실로 이 출발에 달려있고, 그대들의 대임에 달려 있지 않은가…. 모두 이 훌륭한 뜻을 한마음으로 받들고 협력해 그 직분을 다해야 한다. 나는 그대들의 뜻이 실현될 날이 머지 않았음을 안다. 가라! 바다에서 증기선을 옮겨타고 육지에서 기차를 갈아타며 만리 각지를 돌아 그 이름을 사방에 떨치고 무사히 귀국하기를 빈다."

1869년부터 1879년까지 약 300~500명의 유학생이 관비 또는 반관비 형태로 파견되었다.

1880년대 이후 유학은 더 활기를 띠며, 자비 유학생(私費留学生)의 증가와 함께 유학생의 계층도 상류 사족에서 일반 상인, 지방 유지 자녀, 일반 학생층으로 확대되었다. 이들은 정치학, 법률학뿐 아니라 의학, 농학, 공학, 철도, 기계공업 등 실용적 분야에 대한 관심을 넓혀갔다. 이 시기 여성 유학생의 수도 증가했으며, 대표적인 사례로 쓰다 우메코는 미국 유학 후 귀국하여 일본 여성 고등교육의 토대를 마련했다.

1890년 무렵까지 유학생 누계는 약 1,500~1,800명으로 추산되며, 이는 일본이 스스로 서구화에 나선 인적 역량의 집적을 보여주는 수치였다. 국가별로는 영국이 가장 인기 있는 유학지였으며, 독일의 군사·법학 교육, 미국의 실용 학문, 프랑스의 법제도도 중요한 역할을 차지했다.

　이 시기의 유학생들은 단순한 학문 연수자가 아니라, 메이지 헌법을 기초하고 군제와 경찰 제도를 도입하며, 철도와 조선소를 세우고, 고등교육과 외교기관을 조직한 실천적 엘리트였다. 이들이 유학을 통해 습득한 서구 문명은 일본의 법과 제도, 기술과 산업의 기반이 되었으며, 이를 통해 일본은 자주적 근대국가로 탈바꿈할 수 있었다.

외국인 기술자의 초빙

　한편, 일본은 유학생을 해외에 파견함과 동시에, 국내에는 외국인 전문가들을 적극 초빙하여 근대화를 추진했다. 이들은 일본어로 '오야토이 가이코쿠진(御雇い外国人)'이라 불리며, 1868년부터 1890년대까지 약 3,000명 이상이 일본에서 활동했다. 이 중 800명 이상은 정부에 의해 공식적으로 고용되었으며, 나머지는 민간 기업이나 교육 기관 등에서 근무했다.

초빙된 외국인은 철도, 광산, 조선소, 조폐국 등 공공 인프라 분야에 주로 배치되었으며, 전체의 약 40%를 차지했다. 그 외에도 교육, 법률, 군사, 의학, 농업 등 일본 사회 전반의 제도 개혁과 기술 도입에 기여했다. 이들은 단순한 기술 전수자에 그치지 않고, 근대국가 체제를 설계하고 실현하는 데 핵심적 역할을 수행했다.

대표적인 인물로는 영국인 토목기사 리처드 헨리 브런턴(Richard Henry Brunton), 독일인 의사 에르빈 폰 벨츠(Erwin von Bälz), 프랑스 법학자 구스타브 보아소나드(Gustave Boissonade), 미국 동물학자 에드워드 S. 모스(Edward S. Morse), 그리고 영국 건축가 조시아 콘더(Josiah Conder) 등이 있다. 이들은 각각 등대 건설, 서양 의학 교육, 근대 법률 제정, 자연과학 발전, 서양식 건축 도입에 중요한 업적을 남겼다.

일본 정부는 이들을 단기 계약으로 고용하여 기술과 지식을 일본인에게 전수하고, 일정 기간 후에는 일본인 전문가로 대체하는 정책을 시행했다. 이러한 전략은 1899년 외국인에 대한 치외법권이 철폐되면서 제도적으로 종료되었지만, 이 시기 외국인 고문들의 활동은 일본의 산업화와 근대화에 결정적 기여를 했고, 아시아에서 가장 빠른 근대국가 전환을 가능케 한 기반을 마련했다.

4 막부파와 존황파의 대립과 충돌

1853년 페리 제독의 흑선 내항과 이듬해 체결된 가나가와 조약(1854)은 일본을 강제로 세계 체제에 편입시키는 계기가 되었으며, 도쿠가와 막부는 외세와의 조약을 통해 개항을 추진하며 정국 안정을 도모하고자 했다. 그러나 이 같은 외교적 타협은 오히려 막부의 권위를 약화시켰고, 국내 각지에서는 이에 반발하여 '존황양이(尊皇攘夷)'를 기치로 내건 정치·사상 운동이 대두하게 되었다.

존황양이 운동은 단순한 사상적 흐름을 넘어, 정치적 대안을 요구하는 실질적 세력으로 발전했다. 특히 조슈번(長州藩), 사쓰마번(薩摩藩) 등 유력 지방번의 젊은 무사들과 지식인들은 '양이(攘夷)'라는 명분 아래 막부 타도와 천황 중심의 정치 질서 수립을 목표로 했으며, 이는 곧 막부의 개국 정책을 '굴욕 외교'로 비판하는 전국적 반막부 정서로 확산되었다.

양측의 대립은 1860년 3월, 대로(大老) 이이 나오스케(井伊直弼)가 존황파 무사들에게 암살당한 '사쿠라다문 밖 사건'(桜

田門外の変)을 계기로 실제 무력 충돌로 비화되었다. 이이 나오스케는 안세이 대옥(安政大獄)을 통해 존황파를 강력히 탄압하며 막부 권위 회복을 시도했으나, 암살 사건은 존황파가 실질적인 정치 세력으로 부상했음을 보여주는 상징적 전환점이 되었다. 이 사건 이후 막부는 더욱 방어적이고 보수적인 태도로 돌아서게 된다.

1863년에는 교토 조정으로부터 '양이를 실행하라'는 천황의 칙명이 하달되었고, 조슈번은 이에 따라 적극적으로 외세에 대한 무력 공격을 개시했다. 대표적인 사례가 시모노세키 포격 사건으로, 이는 조슈가 외세에 맞선 행동주의적 양이 노선을 실제로 실행에 옮긴 사건이었다. 그러나 조정 내부에서도 막부와의 협력을 통해 권위를 회복하려는 흐름이 존재했고, 특히 사쓰마번과 아이즈번은 조정과 결탁하여 조슈를 정치적으로 고립시키려는 정치 공작을 강화했다.

결국 1863년 8월 18일의 정변을 통해 조슈는 교토 정계에서 축출되었고, 이에 분노한 조슈는 무력으로 교토 정계에 복귀하려 시도했다. 그 결과 1864년 7월 19일, 조슈번 무사 약 1,000명이 교토고쇼(京都御所, 천황 거처)의 남문인 하마구리문(蛤御門, '금문') 인근에서 무장 봉기를 일으키게 된다. 조슈의 명분은 '천황 보위'였으나, 실제로는 조정 내에서 상실한 영향력을 무력으로 회복하고자 한 정치적 복귀 시도였다.

이에 막부는 아이즈번, 사쓰마번 등과 연합하여 병력을 급파했고, 양측은 교토 시내에서 격렬한 전투를 벌였다. 조슈는 수적으로나 화력 면에서 열세였으며, 가쓰라가와(桂川) 서쪽으로 퇴각하며 교토 재진입에 실패했다. 이 전투는 조슈에 막대한 피해를 안겼고, 군사적·정치적으로 결정적인 타격이 되었다.

이로써 조슈는 교토 정계에서 완전히 축출되었으며, 조정은 '조슈 정벌'(第一次長州征伐)을 공식 선언했다. 막부는 일시적으로 권위 회복에 성공했고, 사쓰마·아이즈 등 보수 세력은 조정 내 영향력을 확대했다. 그러나 이 전투는 조슈에게 방향 전환의 결정적 계기가 되었다. 무력 양이의 실패를 뼈저리게 체감한 조슈는 이후 개국과 근대화 노선으로 급속히 전환하게 되었고, 다카스키 신사쿠(高杉晋作), 기도 다카요시(木戸孝允) 등 개혁피 인물이 번정의 주도권을 장악했다.

결국, 존황파와 막부파의 갈등은 단순한 정파 간의 충돌이 아니라, 일본이 근대국가로 전환하는 과정에서 경험한 사상적·정치적 격동의 중심이었다. 조슈의 패배는 곧 전환의 출발이 되었으며, 이후 이들이 선택한 개국과 근대화의 길은 메이지 유신으로 이어지는 역사의 관문을 여는 핵심 열쇠가 되었다.

5 삿초동맹과 삿토동맹, 정치연대의 형성

1860년대 초, 사쓰마번(薩摩藩)과 조슈번(長州藩)은 정치적·외교적·군사적으로 첨예하게 대립하고 있었다. 조슈는 존황양이 노선을 앞장서 실천한 급진적 세력으로, 시모노세키 포격과 금문의 변 등으로 조정을 혼란에 빠뜨린 전력이 있었고, 사쓰마는 당시 막부와 조정을 지지하며 1864년 금문의 변 때에는 조슈 진압에 직접 참여하기도 했다.

그러나 두 번은 공통적으로 막부의 무능, 그리고 시대 변화에 대한 위기의식을 공유하고 있었다. 사쓰마는 사쓰에이전쟁(1863) 이후 실용적인 개국 노선으로, 조슈는 금문의 변 패배 이후 군제 개혁과 서구화 정책을 통해 급속한 체제 전환을 단행했다. 이러한 정치적·사상적 변화는 양측이 더 이상 막부를 중심으로 한 국가 재편이 불가능하다는 인식에 도달하게 했고, 점차 상호 연대의 가능성이 열리게 되었다.

그럼에도 두 번은 서로에 대한 불신과 과거의 충돌로 인해 쉽게 접근할 수 없었다. 이때 도사번(土佐藩) 출신의 사무

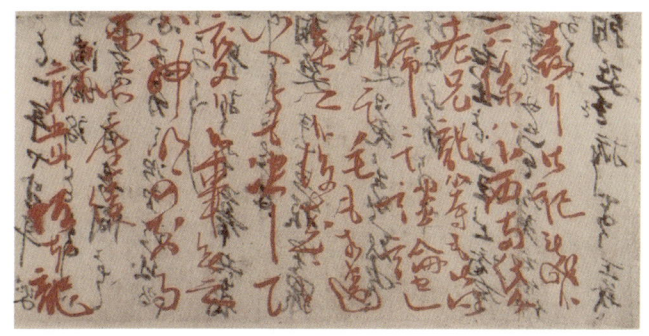

삿초동맹 합의서 이면에 료마가 배서한 문서

라이이자 중립적 혁신 인물인 사카모토 료마(坂本龍馬)가 등장한다.

그는 사쓰마의 사이고 다카모리(西鄉隆盛)와 조슈의 기도 다카요시(木戶孝允) 사이에서 의견을 조율하며, 양측의 정치·군사적 연대의 필요성을 설득하는 중재자 역할을 수행했다. 사카모토는 "막부를 타도하고 천황 중심의 새로운 정부를 수립하기 위해서는 강력한 군사력과 정치 기반이 필요하며, 그 중심에는 사쓰마와 조슈가 있어야 한다"고 주장했다.

결국 1866년 1월, 교토 인근 사쓰마 번의 저택에서 사이고 다카모리와 기도 다카요시는 비밀리에 만나 '삿초동맹(薩長同盟)'을 체결했다. 이 동맹은 공식 문서보다는 구두 합의에 가까웠으나, 명확한 목적은 막부 타도, 조정 내 정치 주도권 확보, 군사적 상호 원조에 있었다.

삿초동맹이 정치·군사 연합으로 강화되는 가운데, 도사번은 보다 온건한 정치개혁 노선을 추구하고 있었다. 도사는 무력 혁명보다는 막부 중심의 정권 이양, 즉 '대정봉환(大政奉還)'을 통해 평화적 정권 교체를 이루려 했다. 사카모토 료마는 도사 출신으로서 도사의 정치적 중재력을 활용하여 삿초 세력과의 협조 체제를 구축하고자 했다.

도사에서는 고토 쇼지로(後藤象二郎) 등이 정치 협상에 나섰고, 사쓰마와 도사의 연대-즉 '삿토동맹(薩土同盟)'-이 1867년 중반에 형성되었다. 삿토동맹은 메이지 유신 직전의 '대정봉환'을 촉진하는 정치적 토대가 되었으며, 막부에 대한 명분 있는 정권 이양 요구를 가능케 했다.

이러한 연대는 단순히 번 간의 동맹을 넘어, 일본 전국의 개혁 지향 세력들이 '천황 중심의 근대국가 건설'이라는 공통된 목표 아래 결집하는 정치적 구조를 형성했다. 그리고 이는 곧 막부 해체와 왕정복고의 직접적인 기반으로 작용하게 된다.

삿초동맹과 삿토동맹은 메이지 유신을 가능하게 한 두 개의 정치 연합이었다. 사쓰마, 조슈, 도사라는 지역의 유력 세력은 서로 다른 사상과 정치적 배경을 지니고 있었지만, 공통된 시대 인식과 막부 해체라는 목표 아래 실질적인 공동

전선을 형성했다. 이를 통해 유신 세력은 무력과 명분, 제도와 사상을 모두 아우르는 방식으로 천황 중심의 근대국가 설계를 주도할 수 있었다.

6 대정봉환과 왕정복고

1860년대 후반, 일본은 기존 도쿠가와 막부 체제를 유지하려는 보수 세력과, 천황 중심의 새로운 정치 질서를 수립하려는 유신 세력 간의 극심한 정치적 긴장 속에 놓여 있었다. 조슈·사쓰마번을 중심으로 결집한 유신 세력은 이미 삿초동맹을 통해 군사적·정치적 결속을 다졌고, 교토와 조정 내에서 영향력을 확대해 나가고 있었다.

이러한 상황에서 도쿠가와 정권은 내외부의 압력에 직면했고, 이를 돌파하기 위한 정치적 타협책으로 제시된 것이 바로 '대정봉환(大政奉還)'이었다.

1867년 10월 14일, 제15대 쇼군 도쿠가와 요시노부(德川慶喜)는 조정에 정권을 반납(奉還)하겠다는 상소를 올렸다. 이는 표면적으로는 천황 중심 정치 체제로의 전환을 수용하겠다는 선언처럼 보였지만, 실제로는 도쿠가와 가문이 새로운 정치 질서 속에서도 일정한 권력을 유지하려는 고도의 정치적 포석이었다.

이 구상은 도사번의 개혁 인물 고토 쇼지로(後藤象二郎)와 중재자 사카모토 료마(坂本龍馬)의 정치 설계를 바탕으로 추진되었으며, 그 배경에는 유혈 충돌 없이 체제를 전환하려는 온건한 개혁 노선이 자리 잡고 있었다. 그러나 유신 세력은 이러한 '정권 이양'이 실상은 기존 체제를 연장하려는 위장 전술임을 간파하고, 보다 급진적인 조치를 준비했다.

1867년 12월 9일, 사쓰마·조슈 세력은 교토 황궁에서 '왕정복고의 대호령(王政復古の大号令)'을 선포하고, 도쿠가와 가문에 의해 수백 년간 유지되어 온 막부 체제의 공식적인 폐지를 선언했다. 이 선언은 단순한 정권 교체가 아닌, 일본 국가의 정치적 정통성을 '쇼군'에서 '천황'으로 이양하는 헌정 질서의 근본적 혁신이었다.

왕정복고를 주도한 인물은 사이고 다카모리(西郷隆盛), 오쿠보 도시미치(大久保利通), 기도 다카요시(木戸孝允) 등이었으며, 이들은 각각 군사적 조치, 조정 내 협상, 정치 문서 작성 등 실무를 분담했다.

특히 사이고는 교토에 병력을 배치해 도쿠가와 측의 반격을 사전에 차단했고, 기도는 조정 내에서 '삼직(三職)' 제도의 구성을 주도하며 새로운 정치 기구의 틀을 마련했다.

왕정복고와 함께 신설된 삼직 제도- 총재, 부총재, 참의-는 천황을 중심으로 한 새로운 중앙 정부의 출범을 의미했고, 도쿠가와 가문은 이 체제에서 완전히 배제되었다. 유신 세력은 이를 통해 실질적인 정권을 장악했고, 막부의 회복 가능성은 정치적으로 봉쇄되었다.

이 일련의 과정은 명분상 평화로운 정권 이양처럼 보였지만, 실상은 기존 정치 질서를 해체하고 새로운 국가 체제를 구축하는 혁명적 변환이었다.

도쿠가와 요시노부는 처음에는 정권 반납을 수용했지만, 자신이 철저히 배제된 정치 구조를 확인한 뒤 무력 반발을 결심했다. 이로 인해 1868년 1월 27일, 도쿠가와 세력은 교토 남쪽에서 군사행동을 개시하며, '보신전쟁(戊辰戦争)'이 발발하게 된다. 이는 구체제를 방어하려는 막부 세력과 새로운 국가를 수립하려는 유신 세력 간의 최후의 내전으로 확산되었다.

결국 대정봉환은 체제 개혁을 가장한 막부의 권력 연장 시도였고, 왕정복고는 기존 체제를 전면적으로 부정하고 새로운 국가 체제를 수립하려는 정치혁명이었다. 이 두 사건은 시간적으로는 연속되어 있지만, 그 정치적 의도와 지향점에 있어 본질적으로 상반된 흐름이었다. 대정봉환이 타협과 절충의 산물이었다면, 왕정복고는 단호한 결단과 정치적 단절의 선언이었다.

이러한 과정을 거치며 유신 세력은 정치적 명분과 실권

을 동시에 확보했고, 일본은 마침내 메이지 유신이라는 국가적 전환의 길로 들어서게 된 것이다.

7 보신(戊辰)전쟁
유신세력의 승리

1868년, 일본은 정치 체제의 대전환을 앞둔 중대한 국면에 들어서고 있었다. 도쿠가와 요시노부의 대정봉환은 명분상 정권을 천황에게 반환하는 조치였지만, 실제로는 새로운 정부 체제 속에서도 도쿠가와 가문이 주도권을 유지하려는 정치적 의도가 강하게 담겨있었다. 이에 반해 유신 세력은 이를 기만적 전술로 간주하고, 천황을 정점으로 하는 새로운 정치 질서를 수립하기 위해 왕정복고의 대호령(王政復古の大号令)을 선포하고, 도쿠가와 체제의 완전한 종식을 선언했다.

그러나 도쿠가와 요시노부는 정치적으로 완전히 배제되었음을 인식하자 무력 반격에 나섰고, 1868년 1월, 유신군과 구막부군은 교토 남부 도바·후시미 지역에서 일본 근대사의 첫 대규모 내전을 벌이게 된다.

이 전투는 단순한 무력 충돌이 아니라, 일본의 지배 질서가 쇼군 중심의 봉건 체제에서 천황 중심의 중앙집권 국가로 재편되는 전환점이었다.

도쿠가와 요시노부는 오사카성에 병력 약 1만 5천 명을 집결시키고 교토 진군을 명령했으며, 이에 맞서 유신 정부는 사쓰마·조슈를 중심으로 한 정예 부대 약 5천 명을 도바와 후시미 일대에 배치했다. 병력 수에서는 열세였지만, 유신군은 신식 소총과 포병을 운용하며 효과적인 방어 태세를 갖추고 있었다.

1월 27일, 구막부군은 두 갈래로 나뉘어 교토 진입을 시도했다. 도바 방면에서는 조슈군이, 후시미 방면에서는 사쓰마군이 방어에 나섰고, 격전이 벌어졌다.

후시미 지역에서는 좁은 골목과 주택가를 활용한 시가전이 벌어졌으며, 도바에서는 조슈군이 지형을 활용한 포격전으로 막부군의 진격을 저지했다. 유신군은 일부 지역에 방화 전술을 감행하여 병참 혼란을 유도하기도 했다.

전세의 흐름을 결정지은 것은 1월 29일, 교토 조정에서 유신군을 '관군(官軍)'으로 공식 승인하는 천황 칙령이었다. 이 칙령은 구막부군을 '역적'으로 규정함으로써 정치적 정당성을 명확히 했고, 관군의 깃발(錦の御旗)이 전선에 휘날리자 구막부군의 병사들 사이에 심각한 동요가 발생했다.

1월 30일, 도바 방면에서 막부군의 전열이 붕괴되기 시작했으며, 일부 부대는 도주하기 시작했다. 같은 날, 도쿠가와 요시노부는 오사카성에서 군사적·정치적 열세를 자각하고 비밀리에 배를 타고 에도로 철수했다.

지휘부를 상실한 구막부군은 통제력을 상실했고, 1월 31일, 오사카성은 자진 소각되었으며 막부군은 전선을 이탈하며 도바·후시미 전투는 유신군의 승리로 막을 내렸다.

이 전투는 신정부군이 서양식 무기로 무장한 사쓰마·조슈 연합군의 전술적 우위를 바탕으로 승리한 사례였으며, 도쿠가와 세력의 군사적 기반을 결정적으로 약화시켰다.

유신 정부는 곧바로 에도(江戶)를 향해 진격을 개시했고, 유혈 충돌 없이 수도를 확보하고자 사이고 다카모리(西鄕隆盛)와 막부 측 대표 가쓰 가이슈(勝海舟) 간의 협상을 통해 에도의 무혈 항복을 이끌어냈다.

1868년 5월, 에도는 정식으로 유신 정부의 통제 하에 들어가게 되었고, 도쿠가와 가문은 정치적 실권을 완전히 상실했다.

이 전투와 이후의 협상 과정을 통해, 유신 세력은 명분과 실력을 동시에 확보하며 일본의 새로운 정치 질서를 완성해 나갔다. 보신전쟁은 단순한 무력 충돌을 넘어, 일본이 봉건제에서 근대 국민국가로 나아가는 대전환의 결정적 계기였다.

그러나 전쟁은 여기서 끝나지 않았다. 특히 도호쿠(東北) 지방의 여러 번(藩)들은, 유신 정부가 천황의 이름을 내세워

부신전쟁 전황도

도쿠가와 가문을 전면 배제하고 조슈·사쓰마 중심으로 정치 권력을 독점하려 한다는 점에 대해 강한 불만을 품고 있었다. 이들은 단순한 정치적 반발을 넘어, 실질적인 군사 행동을 통해 유신 정부에 저항하기 시작했다.

그 중심에는 아이즈번(会津藩), 센다이번(仙台藩), 쇼나이번(庄内藩)이 있었으며, 이들 번을 주축으로 1868년 5월, 오우에

쓰 열번동맹(奧羽越列藩同盟)이 결성되었다. '오우(奧羽)'는 도호쿠 지방, '엣쓰(越)'는 호쿠리쿠 지방을 뜻하며, 총 30여 개의 번이 참여한 이 연합은 도쿠가와 가문의 명예 회복, 지방 자치권 존중, 유신 정부의 독점 정치에 대한 반대를 명분으로 내세웠다.

일부 번에서는 천황의 정통성을 다시 논하려는 움직임까지 나타났고, 심지어 '동천황(東天皇)' 추대론 등 독자적 정치 질서 수립을 모색하는 시도도 있었다. 이는 단순한 반란이 아닌, 정치적 대항 질서의 모색이라는 의미를 지닌 연합이었다.

이에 대해 유신 정부는 이 열번동맹을 방치하지 않았다. 조슈·사쓰마 중심의 신정부군은 곧 북진 작전을 개시했고, 기도 다카요시(木戶孝允)와 오쿠보 도시미치(大久保利通)는 열번동맹을 국가 질서를 위협하는 '역적 연합'으로 규정했다.

1868년 여름, 신정부군은 우에쓰 지방(越後, 현 니가타 일대)과 도호쿠 남부 지역을 중심으로 본격적인 군사 작전에 돌입했다. 도호쿠 전선은 격렬한 국지전 양상으로 전개되었으며, 전투의 핵심은 아이즈번을 향한 집요한 공격이었다. 아이즈는 막부 말기 교토 수비대로 존황파를 탄압한 전력이 있어, 유신정부로부터 "반역의 중심"으로 낙인찍혔다.

아이즈번은 방어를 위해 자체 병력을 조직하고, 산성 지형과 회랑식 방어선을 활용해 신정부군에 맞섰으며, 아이즈

성(鶴ヶ城)을 중심으로 한 공방전은 이 전투의 상징이 되었다.

1868년 9월부터 본격화된 아이즈 전투는 한 달 이상 지속되었고, 이 과정에서 백호대(白虎隊)라 불리는 16~17세의 무사 자제들로 구성된 유격대가 성의 함락을 오인하고 집단 자결하는 비극이 발생했다. 이 사건은 도호쿠의 항전과 비극성을 상징하는 역사적 장면으로 전해진다.

동시에 신정부군은 쇼나이번 등 서해안의 저항 세력도 차례로 제압했고, 1868년 10월까지 열번동맹의 주요 거점들은 대부분 함락되었다. 마지막까지 저항하던 쇼나이번도 12월경 항복하면서, 도호쿠 지역의 저항은 사실상 마무리되었다.

막부 세력의 최후 저항은 에조(蝦夷, 현재의 홋카이도)에서 일어났다. 1868년 가을, 보신전쟁이 유신 세력의 우세로 기울자, 도쿠가와 정권에 충성하던 일부 구막부 세력은 항복을 거부하고 홋카이도로의 항전을 선택했다. 그 중심에는 막부 해군 총사령관이자 근대 해군 장교였던 에노모토 타케아키(榎本武揚)가 있었다.

에노모토는 막부의 최신 전함 카이요마루(開陽丸)를 포함한 8척의 함선과 약 2,000명의 병력을 이끌고 1868년 10월, 하코다테에 상륙했다. 그는 곧 구막부 무사들과 함께 정치 조직을 구성하고, 같은 해 12월, 일본 최초이자 유일한 공화제 정권인 '에조공화국(蝦夷共和国)' 수립을 선언한다. 에노모토는 총재(대통령)에 선출되어 프랑스식 내각제를 채택했고, 이는 실질적으로는 유신 정부에 대한 무장 독립 선언이었다.

이에 대응하여 신정부는 북방 원정군을 편성했고, 1869년 봄, 야마가타 아리토모(山県有朋)가 이끄는 육군은 남쪽 해안에서 상륙하여 하코다테를 향해 북상했다. 해군은 철갑함 '류조'와 '고테츠'를 투입하며 해상 제압 작전을 전개했다.

전투는 하코다테만과 남서부 요새를 중심으로 전개되었고, 4월 말부터 신정부군은 해상·지상 동시 공세를 펼쳤다. 하이라이트는 하코다테 해전이었다. 이 해전에서 유신군의 서양식 철갑함은 에조 함대의 주력 전함을 침몰시키며 제해권을 확보했다.

지상군은 에사시·마쓰마에를 거쳐 하코다테로 진격했고, 최종 목표는 서양식 오각 요새 '고료카쿠(五稜郭)'였다. 5월 초, 신정부군은 고료카쿠를 포위하며 최후 결전을 준비했고, 5월 17일, 에노모토는 항복을 선언했다. 고료카쿠는 무혈 점령되었으며, 이로써 보신전쟁은 전면 종료되었다. 보신전쟁의 희생자 수는 정확히 알 수 없으나 신정부군의 공식전사자(야스쿠니신사 합사자)는 7,751명이었고, 아이즈번 사망자(아녀자 포함)이 2,000명 이상, 시라카와성 전투 사망자는 양군 합계 약 1,000명으로, 전체 희생자의 공식 집계는 없으나 최소 8,000명에서 10,000명에 이를 것으로 추정하고 있다.

전투 이후 에노모토 타케아키는 체포되었으나, 유신 정부는 그를 사형에 처하지 않고 사면했다. 이후 그는 외무대신, 해군대신 등 신정부의 요직을 맡으며 일본 근대국가 건설에 기여하게 된다. 이는 유신 정부가 구막부 인재를 포용하는 실용적 통치 전략을 보여주는 사례였다.

하코다테 전투는 단순한 군사적 충돌을 넘어서, '공화정 실험'과 천황제 국가 간의 충돌이라는 정치 사상적 대결이기도 했다. 일본 역사상 최초로 철갑함이 실전 배치되었고, 근대식 해군·육군이 연합작전을 수행한 근대 전쟁의 출발점이었다.

이 전투의 승리를 통해 유신 정부는 열도 전체를 통합하고, 중앙집권 체제의 완성을 제도적으로 이뤄낼 수 있었다. 하코다테 전투는 도쿠가와 체제의 마지막 불꽃이었으며, 근대 일본 국가의 탄생을 알리는 역사적 분수령이었다.

이로써 보신전쟁은 약 1년 5개월에 걸친 내전 끝에 유신 세력의 완전한 승리로 마무리되었다. 도쿠가와 가문은 시즈오카번으로 전봉되어 정치적으로 퇴장했고, 유신 정부는 전국적 통치권을 장악하며 중앙집권 체제를 확립했다.

보신전쟁은 단순한 무력 충돌이 아닌, 봉건제에서 근대 국가로의 체제 전환이라는 거대한 역사적 도약의 충격이었다. 유신 세력은 천황의 권위와 관군의 정통성을 바탕으로 국가 통합과 근대화를 추진할 수 있는 제도적·정신적 기반을 확보했다.

전쟁 이후, 유신 정부는 군제 개혁, 교육 제도 정비, 헌정 체제 수립 등을 추진하며 일본은 자주적인 근대국가로 나아가는 길을 본격적으로 걷기 시작했다.

제3장

근대국가의 수립과 개혁의 길

1. 체제 개편과 중앙집권, 신분제 개혁
2. 이와쿠라 사절단과 문명개화
3. 교육령과 국민교육의 시작
4. 징병제 도입과 군대 개편
5. 세이난 전쟁과 사무라이의 몰락
6. 식산흥업과 산업화의 길
7. 자유민권운동과 제국의회

1 체제 개편과 중앙집권, 신분제 개혁

중앙집권의 체제 개편

메이지 유신 이후 일본 사회는 단순한 정권 교체를 넘어, 근대국가로의 체제 전환이라는 전면적인 재편 과정에 돌입했다. 유신 세력이 무력을 통해 막부를 타도하고 천황 중심의 새로운 정부를 수립하는 데는 성공했지만, 여전히 일본 열도는 각 지방 번(藩)이 독립적으로 군사력, 재정, 행정권을 행사하는 막번체제(幕藩体制) 아래 놓여 있었다. 이는 근대국가의 핵심 조건인 통일된 중앙집권 체제, 국민 통합, 안정적인 국가 재정의 구축에 중대한 걸림돌이었다. 이에 따라 메이지 정부는 정치·행정·재정 구조의 근본적 개혁을 단행하게 된다. 이 일련의 개혁은 짧은 시간 안에 집중적으로 실행되었고, 일본을 중앙집권적 국민국가로 탈바꿈시키는 결정적인 전기를 마련했다.

첫 번째 조치는 태정관 체제의 수립이었다. 메이지 정부는 정권의 정당성을 천황의 권위에 두고, 중앙 통치 기구의 정비에 착수했다. 유신 세력은 도쿠가와 막부를 타도한 뒤, 봉건제를 해체하고 통일된 중앙 정부를 수립하고자 했으며, 이의 출발점으로 고대 율령 국가의 통치 구조를 계승한 태정관(太政官)을 재구성했다.

태정관 체제는 전통적 형식을 유지하면서도 행정·입법·사법 기능을 통합한 과도기적 정치 구조로 운영되었고, 그 아래에는 총재국, 행정부, 의정관, 참예관 등이 설치되었다. 총재국은 최고 의결 기관이었고, 의정관은 전국 번 출신의 유력자들이 참여하는 자문기구로서 기능했다. 초창기에는 사쓰마·조슈 출신 인물들이 중심이 되었으나, 점차 전국의 인재들이 기용되며 정책 논의의 포괄성과 제도적 안정을 도모했다.

또한 정부는 유럽식 중앙 관료제에 착안하여 태정관 산하에 부(省)를 설치했다. 문부성(교육), 병부성(군사), 공무성(산업), 내무성(내치), 대장성(재정) 등은 이후 일본 근대 행정 체제의 초석이 되었고, 기능 분화와 전문화를 통해 행정 효율성을 크게 향상시켰다.

다음 단계는 1869년 6월 시행된 '판적봉환(藩籍奉還)'이었다. 이는 각 번의 번주가 자발적으로 자신의 영지와 백성을 천황에게 반납하는 형식으로, 유신 세력이 천황 권위를 통해 통치권을 중앙에 집중하려는 정치적 조치였다. 사쓰마·조슈·

도사·히젠번 등 유신의 중심 세력이 먼저 실행함으로써 전국의 260여 개 번도 이에 동참하게 되었다.

번주는 계속해서 지사(知藩事)로 임명되어 행정을 수행했으나, 이제는 자치권을 가진 영주가 아니라 중앙 정부의 하급 관리로 격하되었다. 이는 무력 충돌 없이 봉건제의 외피를 벗겨낸 평화적 체제 전환 전략이었다.

그러나 판적봉환은 여전히 형식적 차원에 머물렀다. 실질적인 중앙집권 체제를 완성하기 위해 메이지 정부는 1871년 8월, 마침내 전국의 모든 번을 폐지하고 '현(県)' 제도로 통합하는 폐번치현(廃藩置県)을 단행한다. 전국의 260여개 번은 인구와 지리, 행정 효율에 따라 통폐합되어 초기에는 72개 현으로 정비되었고, 이후 3부 72현 체제를 거쳐 현재의 47개 도도부현 체제로 정착하게 된다.

각 현에는 중앙 정부가 임명한 관료 출신 지사가 파견되어, 중앙으로부터 직접 명령을 받아 행정, 군사, 재정을 집행했다. 이로써 일본은 지방 분권적 막번체제를 공식적으로 해체하고 단일하고 통일된 중앙 통치 체제를 완성하게 된다.

눈에 띄는 점은 이 개혁이 대규모의 저항 없이 평화적으로 진행되었다는 것이다. 이는 기존 번주들에게 은급과 명예직을 보장한 유신 정부의 회유 전략, 전국에 주둔한 신정부군의 군사력, 관료들의 효율적 행정 집행 등이 복합적으로 작용한 결과였다.

중앙집권 체제가 정착되었지만, 새로운 정부는 재정 기반 부족이라는 심각한 문제에 직면했다. 이전에는 각 번이 자체적으로 세입을 확보했지만, 폐번치현 이후 중앙 정부가 전국을 관리해야 하는 상황에서 통합된 조세 체제의 확립이 시급했다. 이에 따라 1873년, 정부는 지조개혁(地租改正)이라는 대대적인 토지세 개혁을 시행한다.

지조개혁은 전국의 토지를 측량하고, 소유자에게 지권(土地所有証書)을 발급함으로써 사유 재산권 개념을 제도화했다. 세금은 토지 가격의 3%를 화폐로 납부하도록 규정하여, 전통적인 물납제에서 금납제로의 전환을 꾀했다. 이 개혁을 통해 정부는 근대적 재정 운용이 가능해졌고, 군제 개혁, 교육 제도 확립, 철도 건설, 산업 투자 등의 기반을 마련할 수 있었다.

다만 시행 초기에는 농민들의 큰 반발에 직면했다. 고정 세율로 인한 부담, 수확 감소에도 불변하는 세금, 화폐 납세의 어려움 등으로 인해 전국적으로 지조개혁 반대 소요가 발생했다. 이에 정부는 1877년, 세율을 2.5%로 인하하고, 과세 기준을 조정하는 등의 보완 조치를 시행했다. 이후 지조개혁은 점차 안정화되었으며, 1880년대 후반에는 국가 세입의 약 80%를 차지하는 주요 조세 제도로 자리잡았다.

이러한 중앙집권화와 재정 기반 확립 위에서, 메이지 정부는 근대 관료제와 입헌정치체제의 설계를 본격화했다. 유신 지도자들인 이토 히로부미, 오쿠보 도시미치, 야마가타 아리토모 등은 유럽 유학 경험을 바탕으로 입헌군주제 도입을 준비했고, 이는 1889년 메이지 헌법 제정, 1890년 제국의회 개설로 이어진다.

요컨대, 메이지 정부의 체제 개편은 정치·행정·재정·법률 전 영역을 아우른 총체적 개혁이었다. 판적봉환은 천황 중심 통치의 명분을 마련했고, 폐번치현은 실질적 권력 구조의 전환을, 지조개혁은 재정 기반의 확보를 가능케 했다. 이어지는 관료제 정비와 입헌체제 구상은 제도적 안정성을 보완했다.

이 모든 개혁은 일본이 단순한 정치 혁신을 넘어, 서구식 근대 국민국가로 이행할 수 있는 구조적 기반을 확립한 과정이었으며, 이후 외교·군사·산업의 급속한 발전을 가능케 한 근대 일본의 출발점이 되었다.

신분제 개혁

1868년에 수립된 메이지 신정부는 근대화를 추진하면서 우선적인 정책으로 봉건적 신분제 사회를 해체하고 국민이 평등한 근대 국민국가를 수립하고자 했다. 에도 막부 시대에는 기본적으로 사농공상(士農工商)으로 대표되는 엄격한 신분제가 존재했으며, 무사 계급이 지배층을 형성하고 농민, 수공업자, 상인, 그리고 천민(에타·히닌) 등은 각각 법적·사회적 제약을 받는 구조였다.

이에 신정부는 1869년에 먼저 무사 계급을 정리하면서 상급 무사를 '화족'(華族)으로, 일반 무사를 '사족'(士族)으로 재편하였다. 이는 무사 계층의 해체를 위한 첫걸음이었다. 이어서 1871년에는 '신분 폐지령(身分廢止令)'을 통해 사농공상 체제를 공식적으로 폐지하고, 모든 국민을 법적으로 평등한 '평민(平民)'으로 통합하였다. 이 조치에는 천민 계층인 에타·히닌도 포함되었으나, 이들에 대한 사회적 차별은 여전히 지속되었다.

그리고 1873년에는 징병령을 발표하여, 병역의 의무가 모든 남성에게 부과되면서 무사 계급만이 군사력을 독점하던 체제가 무너졌다. 또한 납세 제도 개혁을 통해 누구나 국가에 세금을 납부하게 되면서, 신분에 따른 특권이 사라지기 시작했다. 이러한 흐름 속에서 1876년에는 '폐도령(廢刀令)'이 공포되어, 무사의 상징이던 칼 휴대가 금지되었다. 이는 무사 계급의 상징적·물리적 해체를 완성한 조치였다.

이러한 일련의 개혁은 근대국가 형성을 위한 필수 조치

였으나, 동시에 전통적 지위를 상실한 사족 계층의 불만을 야기하였다. 그 대표적인 사례가 1877년에 발생한 '세이난 전쟁(西南戰争)'이다. 이 반란은 무사 출신의 지도자인 사이고 다카모리(西鄉隆盛)가 중심이 되어 일으킨 무장 봉기로, 신정부에 대한 사족의 마지막 저항이었다. 이는 무사 계급이 정치적·사회적으로 완전히 소멸되는 계기가 되었다.

이와쿠라 도모미(岩倉具視), 오쿠보 도시미치(大久保利通) 등 신정부의 지도자들은 이러한 개혁을 통해 봉건질서를 타파하고 국민 개념을 도입하려 했다. 그러나 에타·히닌 등 하층민에 대한 사회적 차별은 새로운 형태로 계속되었다. 이로 인해 '부라쿠민(部落民)' 문제는 이후에도 일본 사회의 구조적 차별로 남게 되었다.

결론적으로, 메이지 신정부의 신분 철폐는 모든 국민을 법적으로 '평등한 국민'으로 간주함으로써 징병제, 납세제, 의무교육제 도입을 가능하게 했고, 법적 평등의 실현과 근대국민국가 건설의 기초를 마련한 중요한 조치였다. 물론 전통적인 신분 질서를 해체하는 과정에서 다양한 사회적 갈등과 저항을 수반하기도 했지만, 신분제폐지는 일본이 중앙집권적 근대국가로 전환하는 데 결정적 역할을 하였다.

2   이와쿠라 사절단과 문명개화

　　　　메이지 유신이 군사적 승리와 행정체제의 정비를 통해 국내 질서를 재편한 이후, 유신 정부가 직면한 다음 과제는 일본을 국제사회에서 자주적이고 대등한 근대국가로 인정받는 것이었다. 그러나 당시 일본은 1850년대 개항 이후 체결된 불평등 조약 체제 하에 놓여 있었고, 주권을 온전히 행사하는 외교는 불가능한 상태였다. 이에 따라 메이지 정부는 서구 국가들의 제도와 문명을 직접 관찰하고, 자국의 근대화 방향을 구체화하기 위해 대규모 외교·조사 사절단을 파견하게 되었다. 이 사절단이 바로 1871년부터 1873년까지 파견된 '이와쿠라 사절단(岩倉使節団)'이다.

　이와쿠라 사절단은 명목상으로는 불평등조약 개정을 위한 외교 사절단이었지만, 실질적으로는 서구 열강의 정치제도, 산업, 교육, 군사, 법률 등 국가 운영 전반을 조사하고 습득하는 것이 주요 목적이었다. 사절단은 1871년 12월 요코하마 항을 출발해 미국, 영국, 프랑스, 독일, 이탈리아, 네덜

이와쿠라 사절단 지도부
(왼쪽부터 기도 다카요시, 야마구치 마스카,
이와쿠라 도모미, 이토 히로부미, 오쿠보도시미치)

이와쿠라의 단발모습

란드 등 12개국을 1년 10개월에 걸쳐 순방했다.

총 107명으로 구성된 이 사절단은 정식 단원 46명, 유학생 43명, 그 외에 통역, 기록관, 하급 관리, 통신원 등으로 이루어져 있었다. 단장 이와쿠라 도모미(岩倉具視)는 조정 귀족 출신으로 정부의 정치적 상징성을 대표했고, 이토 히로부미, 오쿠보 도시미치, 기도 다카요시 등 메이지 유신의 핵심 인물들이 정무를 담당했다. 또한 동행한 젊은 유학생과 관리들은 훗날 헌법 제정, 의회 설립, 산업 정책 수립, 관료제 확립의 주역이 되었기에, 이 사절단은 단순한 외교 사절이 아니라 미래 국가 설계자들의 해외 연수이기도 했다.

사절단이 처음 방문한 미국에서는 연방주의와 헌정주의, 보통교육과 실용학문 중심의 공립학교 체계에 깊은 인상을 받았다. 공공도서관, 우편 제도, 교통망, 철도 운영 방식 등은 일본 근대 행정의 모델로서 강한 영향을 주었다. 유럽에서는 영국의 의회 정치와 자유경제, 프랑스의 법률 제도와 행정 관료제, 독일의 군사 체제와 국가주의 모델 등을 중점적으로 조사했다.

사절단은 서구 문명이 단지 기술적 진보에 머물지 않고, 헌정 체제, 법치주의, 개인의 권리 보장, 그리고 교육과 산업의 유기적 결합 위에 구축되어 있다는 사실에 깊은 충격을 받았다. 귀국 후 오쿠보 도시미치는 "이대로는 일본은 절대로 서양에 따라잡을 수 없다"고 언급하며, 국력보다 중요한 것은 제도와 교육의 체계적 정비라는 위기의식을 표명했다.

그러나 사절단의 외교적 목표였던 불평등조약 개정은 서구 열강의 완강한 거부로 인해 실패했다. 서구 측은 일본의 재판권(치외법권) 미비와 관세 자주권 부재, 법적 기반 부족 등을 이유로 조약 개정을 거절했고, 이로써 일본은 국제 질서의 냉혹한 현실을 체감하게 된다.

그럼에도 이와쿠라 사절단의 체험은 일본 근대화의 방향을 결정짓는 전환점이 되었다. 귀국 후 이토 히로부미는 독일 헌법을 모델로 한 헌정체제 수립에 착수했고, 오쿠보는

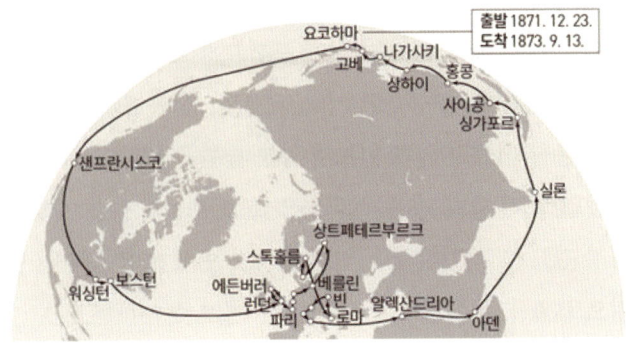

이와쿠라 사절단의 항로

내무성 설치, 지방자치 제한, 경찰 제도 정비 등 내부 행정개혁을 추진했다. 기도 다카요시는 교육령 제정, 학교 제도 구축을 이끌었으며, 이들의 인식은 사회 전반에 문명개화론이라는 사상적 흐름을 확산시켰다.

이후 메이지 정부는 '문명개화'라는 기치 아래, 서양식 복장과 헤어스타일, 결혼식과 장례식의 서구화, 석조건축과 가스등·전차 등 도시문물의 도입, 근대적 법전(민법·형법)의 제정, 재판 제도의 확립 등을 추진하게 된다. 문명이란 단순한 외형이 아니라 국가 운영 시스템, 시민 교육, 법과 도덕, 행정과 재정의 통합된 구조임을 사절단은 실감한 것이었다.

사절단의 성과는 1878년부터 1880년까지 간행된 『미구회람실기(米欧回覧実記)』에 집대성되었다. 이 자료는 공식 서기

일본 최초의 미국 유학 여학생
왼쪽부터 나가이 시게(10), 우에다 테이(16), 요시마스료(16), 쓰다우메(9), 야마카와 스테마츠(12), 1871년 당시의 이름

로 동행한 구메 쿠니타케(久米邦武)에 의해 편찬된 5권 100책의 방대한 기록으로, 일본 최초의 비교 문명 종합조사서로 평가된다.

보고서는 방문 국가별로 정치·헌정·행정·군사·교육·산업·사법·종교·생활문화 전반을 체계적으로 정리했으며, 단순한 관찰이 아니라 분석적 서술과 비교 평가를 수반했다. 미국의 연방제·지방자치·공립 교육, 영국·프랑스의 의회정치·자유경제·시민권 보장, 독일의 관료제·군제·공무원 시험제 등은 일본 개혁 정책의 실질적 모델이 되었다.

『미구회람실기』는 특히 단계적 개혁론의 입장에서 서구 제도를 비판 없이 수용하기보다는 일본 사회의 실정에 맞는 변용적 수용을 제시한 점에서 높은 평가를 받는다. 의회제와 보통선거의 도입 가능성, 여성 교육과 시민의 공공의식, 지방 자치와 법치 기반에 대한 분석은 이후 일본 개혁 정책의 구체적 지침으로 활용되었다.

이 보고서는 단지 시찰 보고서가 아니라 정책 기획 문서, 근대국가 설계도, 사상적 원형으로 기능했으며, 이후 이토의 헌법 제정, 오쿠보의 내무 개혁, 기도의 교육 제도 설계 등에 핵심 자료로 활용되었다. 수십 년간 일본 관료와 지식인의 참고 문헌으로 자리했으며, 오늘날에도 근대화론과 문명 비교사의 모범 사례로 평가받고 있다.

요컨대 『미구회람실기』는 일본이 '근대란 무엇인가'를 자문하고, 그 해답을 제도화한 실천적 성과물이었으며, 이와쿠라 사절단이 남긴 가장 중요한 유산, 메이지 개혁의 사상적 설계도라 할 수 있다. 이 자료는 2011년 소명출판에서 『특명전권대사 미구회람실기』로 번역 출판되었다.

3   교육령과 국민교육의 시작

메이지 유신 이후 신정부는 정치, 군사, 행정, 경제 등 여러 분야에서 서구 문명의 제도와 원리를 도입하며 근대국가로의 전환을 추진했다. 그러나 이러한 체제 개혁이 성공하기 위해서는, 이를 지탱할 수 있는 근대 국민의 양성이 선결 과제였다.

봉건 시대의 교육은 주로 무사 계층의 문무 수련에 한정되었으며, 농민과 서민을 아우르는 전국민적 교육 시스템은 존재하지 않았다. 이에 메이지 정부는 모든 국민을 '문명국 일본'의 구성원으로 편입시키기 위한 수단으로서 근대 교육제도의 수립에 착수했다.

그 핵심이 된 것이 1872년(메이지 5년) 반포된 교육령(学制)이다. 이 교육령은 일본 역사상 처음으로 국가가 통일된 교육제도를 법으로 규정한 것으로, 전국민을 대상으로 한 의무교육 체계의 기틀을 마련한 획기적인 조치였다.

이 교육령은 프랑스의 국민교육제도를 참고하여 작성되

었으며, 기초 교육을 중심으로 한 학교 구조, 교사 양성, 교육행정의 조직화를 포함하고 있었다. 특히 "모든 국민은 교육을 받아야 한다"는 원칙 아래, 신분·성별·지위에 관계없는 초등교육 기회의 보장은 근대 시민 형성의 이상을 반영한 것이었다.

교육령은 전국을 8대 교육구(大学区)로 나누고, 이를 중등학교(中学校)와 소학교(小学校)로 구성했다. 1대학구에는 1개의 대학, 32개의 중학교, 210개의 소학교를 설치하는 것을 기준으로 했고, 모든 아동에게 초등교육을 제공하는 것을 목표로 설정했다. 소학교에서는 일본어, 산술, 지리, 역사 등 실용 중심의 교과목이 편성되었다.

그러나 이 교육령은 당시 현실과 괴리가 컸다. 교사 부족, 학교 시설 미비, 학부모의 경제적 부담, 수업료 징수 문제, 농촌의 아동 노동, 여성 교육에 대한 사회적 편견 등으로 인해, 초등학교 취학률은 초기에는 낮은 수준에 머물렀다. 그럼에도 불구하고, 모든 국민을 교육 대상자로 규정하고, 교육을 국가의 책무로 전환했다는 점에서 이 제도는 혁신적이었다.

교육령은 단순히 문자를 가르치는 기능에 머문 것이 아니라, '국민'을 양성하기 위한 국가적 기획이었다. 메이지 정부는 근대화와 부국강병을 실현하기 위해, 국민 각자가 문해력과 국가에 대한 충성심을 갖춘 존재로 성장해야 한다고 보았다. 학교는 이러한 목표를 구현하는 국가가 통제하는 훈련장으로 작동했다. 학생들은 일본어 문해력, 산술 능력, 예절, 규율, 그리고 천황에 대한 충성과 가족국가 이념을 내면화하도록 교육받았다.

이러한 교육의 방향성은 1890년 반포된 교육칙어(敎育勅語)의 기반이 되었으며, 일본은 시민권 중심의 유럽형 국민 개념 대신 국가에 대한 충의와 집단성을 강조하는 특수한 국민 모델을 구축해 나갔다. 교육은 국가가 요구하는 규범적 행동 양식을 내면화시키는 기제(機制, 방법이나 원리, 메카니즘)로 작동했고, 학교는 근대 국민국가 형성의 정신적 기반으로 기능했다.

초등교육 체제의 정비와 함께, 메이지 정부는 교사 양성, 고등교육기관 설립, 유학생 파견 정책도 동시에 추진했다. 1872년 도쿄에 사범학교가 설립되었고, 1877년에는 도쿄대학(훗날 도쿄제국대학)이 개교했다. 도쿄대학은 법학, 의학, 공학 등 전문 분야의 교육을 담당하며, 일본 근대 고등교육의 중추가 되었다.

또한 정부는 문명국가의 인재 양성을 위해 유학생 파견에 적극 나섰다. 이와쿠라 사절단에 동행한 유학생 외에도 수많은 인재가 미국, 프랑스, 독일 등지에서 교육학, 법학,

공학, 의학 등 실용 지식과 제도를 학습했다. 이들은 귀국 후 각 부처에서 교육행정, 교과서 편찬, 커리큘럼 설계 등을 주도하며, 근대 지식국가의 기초를 마련했다.

이러한 일련의 정책들은 "교육을 받은 자만이 근대국가의 국민이 될 수 있다"는 인식으로 수렴되었다. 문해력은 단지 글을 읽고 쓰는 기술을 넘어, 국가 질서에 따라 사고하고 행동할 수 있는 능력, 즉 통치 가능성의 기반으로 간주되었다.

'국민 형성의 학교'라는 이념 아래, 일본의 교육정책은 국가주의적 동원성과 근대적 생산성 제고라는 이중적 목표를 동시에 추구했다. 한편으로는 충성심과 규율을 내면화시키는 동시에, 다른 한편으로는 근대적 산업과 과학기술을 이끌 인재를 양성하고자 했다.

결론적으로 1872년 교육령의 반포는 메이지 정부가 국가 주도의 의무교육 제도를 통해 국민 형성을 제도화한 상징적 조치였다. 이후 교육칙어, 제국대학 체제, 교과서 통제 등 모든 교육정책은 이 교육령을 기반으로 발전했다. 메이지 일본은 교육을 통해 문명을 단순히 수용한 것이 아니라, 이를 변용하고 통치체계 안에 조직해 넣는 방식으로 재구성했다. 교육령은 그 출발점이자, 일본 근대 국민국가의 성격을 가장 명확히 보여주는 제도적 산물이라 할 수 있다.

4 징병제 도입과 군대 개편

　　메이지 유신 직후, 정치·행정·교육의 근대화가 추진되는 가운데, 메이지 정부는 국가의 생존과 자주성을 확보하기 위한 필수 조건으로 군사 제도의 혁신에 착수했다. 에도 시대까지 일본의 군사력은 사무라이 계급에 의해 분산되어 있었으며, 중앙정부가 통제하는 상비군 체제는 존재하지 않았다.

　이에 메이지 정부는 사무라이 중심의 봉건 군제를 해체하고, 전국민 징병제 도입하여 천황을 중심으로 한 국민 통합형 군사제도 확립을 핵심 목표로 삼았다. 그 구체적 실행으로는 1873년 '징병령(徵兵令)', 1882년 '군인칙유(軍人勅諭)'가 차례로 공포되었다.

　1873년 1월, 병부성 주도로 공포된 징병령은 만 20세 이상의 건강한 남성을 대상으로 3년간의 현역 복무와 4년간의 예비 복무를 의무화한 제도였다. 이는 프랑스의 국민군 체제를 모델로 한 것으로, 군사력의 국민화와 상비군 정비를

제3장　근대국가의 수립과 개혁의 길　　131

동시에 실현하려는 시도였다. 이 제도는 사무라이의 특권을 해체하고, "모든 국민은 병사다"라는 국가 이데올로기를 제도화하려는 목적을 내포하고 있었다.

초기에는 병역을 회피할 수 있는 대체세(자격 납부금) 제도가 존재했으며, 이로 인해 실질적으로 징병의 부담은 하층민에게 집중되었다. 일부 농촌 지역에서는 "피를 뽑아 죽인다"는 유언비어가 돌며 '혈세일기(血稅一揆)'라는 민중 소요가 전국적으로 발생하기도 했다. 그러나 정부는 교육과 홍보, 천황에 대한 충성 이념을 동원해 징병제를 정당화했고, 1880년대 중반 이후 징병은 일본 사회에서 당연한 국민의 의무로 정착되었다.

징병령에 따라 병력 구성은 가능해졌지만, 군인의 정신적 규범과 충성의 방향성을 정립하는 과제가 남아 있었다. 이에 메이지 정부는 1882년 1월 4일, 천황의 명의로 '군인칙유(軍人勅諭)'를 반포했다. 이 문서는 병사들이 지켜야 할 윤리·정신 태도·국가관·천황에 대한 충성을 5개 항목으로 규정한 군사 이념의 기초 문서였다.

군인칙유는 모든 병영과 훈련소에 게시되었고, 병사들은 이를 암송하며 정신 교육을 받았다. 이를 통해 일본군은 단순한 무력 집단이 아니라, 천황에게 충성하는 정치적·정신적 공동체로 재편되었다.

군제 개혁은 또한 제도 수입의 측면에서도 전환점을 맞는다. 당초에는 프랑스식 병력 동원 체계를 도입했으나, 1871년 보불전쟁에서 프랑스가 패배하자, 일본은 독일(프로이센)의 군제를 적극적으로 수용했다. 야마가타 아리토모(山県有朋)는 독일에서 군사 제도를 연구한 후 귀국하여, 참모본부 설치(1878), 육군성 개편, 병과제 도입 등을 추진했다.

이 과정에서 일본군은 천황 직속 군대로 편성되었고, 이는 훗날 헌법에서 군의 통수권을 내각이 아닌 천황의 고유 권한으로 규정하는 제도로 이어진다. 군부는 내각의 통제 밖에서 정치와 분리된 자율적 권력 기관으로 성장했으며, 이 구조는 훗날 민간 통제의 실패와 군국주의 체제 강화로 이어지는 기반이 되었다.

한편 징병제는 병력 확보 이상의 효과를 낳았다. 군 복무를 통해 농민·서민 계층의 청년들이 공통 언어와 규율, 국가의식을 습득하게 되었고, 이는 귀향 후에도 '일본인'으로서의 공통된 국민 정체성 형성에 기여했다. 퇴역 군인들은 경찰, 교사, 지방 관료 등으로 재배치되며, 국가 운영을 지탱하는 중추 인력층으로 자리잡았다.

결론적으로 1873년의 징병령과 1882년의 군인칙유는 일본이 '봉건에서 근대로', '계급군에서 국민군으로' 이행한 역사적 전환점이었다. 메이지 정부는 이 제도를 통해 사무라이의 군사 독점권을 폐지하고, 군사력을 천황과 국가에 충성하는 국민 전체의 의무로 재편했다.

군대는 단지 국방 기구가 아니라, 국민을 규율하고 국가를 통합하는 정치 조직으로 기능했고, 군인칙유는 이를 정신적으로 결속시키는 이념의 근간이 되었다. 이로써 일본은 근대 국민국가의 표준 조건인 국민군을 제도화하고, 그 군대를 통해 국가를 통합하고 세계와 경쟁할 수 있는 준비를 갖춘 근대국가로 진입하게 되었다.

그러나 동시에 군인칙유는 군인을 천황의 도구로 규정하며, 군을 이데올로기적 통합의 최종 경계선으로 만들었다. 이러한 군사 개혁은 단순한 국방 정책이 아니라, 국가 통합, 계급 질서의 재편, 사회 조직의 개조를 수반한 정치 개혁의 핵심 축이었다. 그리고 이 군제는 일본이 제국주의적 팽창의 길로 나아가는 병영국가 체제의 뼈대가 되어, 20세기 일본의 정치적 진로를 결정짓는 기반이 되었다.

5   세이난 전쟁과 사무라이의 몰락

메이지 유신 이후, 일본은 중앙집권 체제 확립, 징병제와 관료제 도입, 교육령 시행 등 전면적인 제도 개혁을 단행했다. 이 가운데 가장 직접적인 충격을 받은 계층은 바로 사무라이 계급(士族)이었다. 유신 정부 수립의 주역이었음에도 불구하고, 개혁이 진행될수록 경제적 보상과 정치적 입지 모두에서 소외되기 시작했다.

특히 1876년의 봉록 폐지(秩禄処分)는 사무라이들에게 결정적 타격을 가했다. 사무라이에게 지급되던 봉급은 일시금으로 대체되었고, 징병제 도입으로 군사적 역할마저 상실하게 되면서 계급적 정체성과 경제 기반이 동시에 붕괴되었다. 전통적 위상과 자긍심을 상실한 사무라이들은 점차 반정부 감정과 저항의식을 고조시키기 시작했다.

이러한 불만이 폭발하여 최후의 내전으로 비화한 사건이 1877년, 규슈에서 발생한 대규모 반란 '세이난 전쟁(西南戦争)'이다. 이 전쟁은 근대화에 저항한 사무라이들과 근대국가를 수립하려는 신정부 간의 최종 충돌이었으며, 단지 무력의 승패를 넘어서, 봉건 신분 질서의 종언과 일본 사회 구조의 근본적 전환을 상징했다.

사무라이의 몰락은 이미 1869년의 판적봉환, 1871년의 폐번치현, 1873년의 징병령 제정 등 일련의 개혁 과정을 통해 예고되었고, 1876년의 봉록 폐지는 그 결정타였다. 여기에 서양식 교육, 복장, 제도 도입은 사무라이들에게 문화적 수치심과 정체성 상실감을 안겼다.

이러한 상황 속에서 상징적인 인물이 등장한다. 그는 바로 사쓰마번 출신의 유신 삼걸(維新三傑) 중 한 명이자, 유신 정부의 중추적 역할을 담당했던 사이고 다카모리(西鄕隆盛)였다.

사이고는 유신 직후 신정부의 급진 개혁 노선에 대해 점차 비판적인 입장을 갖게 되었고, 1873년 조선 정벌을 둘러싼 정한론(征韓論) 논쟁에서 패한 후 정계에서 물러났다. 이후 고향 가고시마(鹿兒島)로 귀향한 그는 사족을 중심으로 사학교(私學校)를 설립하고, 지역 사무라이들의 정치적 결집을 도모했다. 이 사학교는 사족 반정부 세력의 중심 거점으로 성장했고, 무력 봉기의 가능성이 점차 구체화되었다.

1877년 2월, 정부의 탄약 창고 탈취 사건을 계기로 사이고를 중심으로 약 3만 명의 사족군이 봉기했고, 이에 대응하여 신정부는 약 7만 명의 징병군을 동원했다. 이로써 근대 일본의 최후의 내전, 세이난 전쟁이 발발하게 된다.

전쟁은 규슈 남부 전역을 무대로 7개월에 걸쳐 전개되었고, 구마모토·다카오카·미야자키·가고시마 등지를 중심으로 대규모 야전과 포위전이 이어졌다.

세이난 전쟁의 첫 전면 충돌은 규슈 중앙의 전략 거점인 구마모토성을 두고 벌어진 공방전이었다. 사이고 다카모리가 이끄는 사쓰마군은 약 13,000명의 병력을 동원하여, 정부군 수비대 3,800명을 포위했다.

사쓰마군은 화승총, 도검, 구식 대포 등 전통 무기로 무장하고 있었으며, 정부군은 미국제 스프링필드 소총, 연발총, 야포 등 서구식 최신 무기로 중무장하고 있었다. 전투는 고전적인 성 포위 방식으로 전개되었으며, 사이고군은 보급로 차단과 장기 포위를 통해 성 함락을 도모했다.

그러나 정부군은 전신망과 철도망을 활용하여 병참을 유지하고, 구마모토 방면에 6천 명 이상의 추가 병력을 신속히 증파하며 방어에 성공했다. 이는 일본 전쟁사에서 근대식 통신·수송 인프라의 전쟁 효과를 최초로 입증한 사례 중 하나였다.

결과적으로, 약 2달간 이어진 구마모토성 포위전은 정부군의 보급 우위와 현대식 무기의 효율적 운용에 힘입어 정부측의 방어 성공으로 귀결되었다. 정부군은 성을 방어하고

서남전쟁 전황도

포위를 해제하는 데 성공했으며, 사이고군은 포위 실패를 인정하고 후퇴를 결정하게 된다.

이어 전개된 다바루자카 전투(田原坂の戦い, 1877년 3월 3일 ~ 3월 20일)는 세이난 전쟁에서 가장 치열하고 처참했던 전투 중 하나였다. 사이고군은 구마모토성 포위를 지속하기 위해 북서측 요충지인 다바루자카 고개에서 정부군 주력의 진격을 차단하려 했다. 약 6,000명의 반란군은 산악 지형을 활용해 참

다바루자카 자료관

호와 목책으로 방어선을 구축하고, 야간 기습과 백병전을 중심으로 전투를 벌였다.

이에 맞선 정부군은 약 9,000명 규모의 징병군, 그리고 스나이더 소총, 야포, 기관총을 갖춘 포병대를 투입했다. 전투는 봄철 강우 속에서 신흙탕 육바전과 참호전이 혼재된 양상으로 전개되었고, 근대 화기와 전통 무기가 맞부딪힌 최초의 일본식 근대 전면전이었다.

정부군은 집중 포격과 보병 돌격이라는 서구식 전술을 적용하여 참호 돌파를 시도했고, 결국 3월 20일경 고개 탈환에 성공하며 구마모토성에 대한 반란군의 포위망은 완전히 붕괴되었다.

다바루자카 전투는 단지 전술적 전환점일 뿐 아니라, 전

제3장 근대국가의 수립과 개혁의 길

장의 비인간성이 일본 사회에 강렬한 충격을 안긴 사건이기도 했다. 봄철 집중호우로 전장은 진창이 되었고, 치열한 접전 속에 양측을 합쳐 4,000명 이상의 사상자가 발생했다. 부상자들은 양측 모두 적절한 의료지원을 받지 못한 채 방치되었고, 시체가 들판에 쌓이고 부상자가 아군과 적군을 가리지 않고 죽어가는 모습이 전국에 알려지며 사회적 비판과 인도주의적 반성을 불러 일으켰다.

이 전장의 비극은 1877년 5월 1일, 하쿠아이샤(博愛社, 박애사)의 설립으로 이어진다. 이 조직은 후일 일본 적십자사의 전신으로, 사나다 유키쓰라(佐野常民)가 네덜란드 유학 시절 접한 국제 적십자 운동에 영향을 받아 귀국 후 일본에 처음 도입한 것이었다. 그는 "전상자는 적과 아군을 가리지 않고 구호해야 한다"는 국제 인도주의 원칙에 입각해, 하쿠아이샤를 설립했다.

이러한 정신은 당시 무사도적 복수심과 전통적 명분론과 상충되는 근대적 가치였으며, 일본 사회가 서구 인도주의 사상과 국제 윤리 기준을 수용하기 시작한 상징적 계기로 받아들여졌다. 하쿠아이샤는 이후 1887년, 공식적으로 일본 적십자사(日本赤十字社)로 개칭되었으며, 이는 일본이 국제사회에서 근대국가로서 윤리적 책임과 인도주의 원칙을 실천하는 국가로 자리 잡는 데 중요한 전환점이 되었다.

시로야마 동굴

　　세이난 전쟁의 마지막 결전은 가고시마 시로야마 전투(1877년 9월 24일)였다. 이 전투는 봉건 무사 계급의 최후를 장식하는 동시에 근대 국민군 체제의 완성을 상징하는 결정적 전투로 기록되었다.

　　사이고 다카모리와 함께 끝까지 항전한 병력은 불과 300명 남짓에 불과했으며, 대부분이 사학교 출신 사족 청년들이었다. 반면 메이지 정부는 이 전투에 30,000명 이상의 대군을 동원하고, 야포 60문, 해안포, 신식 소총 등 근대화된 전력을 총동원하여 시로야마를 사방에서 포위했다. 사이고군은 보급도, 탄약도 거의 없는 상태에서 최후의 항전을 준비해야 했고, 무기는 도검, 구식 화승총, 일부 수제 총이 전부였다.

　　정부군은 매일 수 차례의 포격과 야간 돌격 작전을 반복하며 포위망을 조여 들어갔고, 9월 24일 새벽, 마침내 최종 총공세를 감행했다. 전투 중 사이고 다카모리는 하체에 중상을 입고 쓰러졌고, 곁에 있던 부하 기무 타테마츠(木村武士)에게 자결을 요청하여 생을 마감했다. 정확한 사인과 자결 여부는 전후 공식적으로 확인되지 않았으나, 이 장면은 훗날 "마지막 무사(라스트 사무라이)"라는 상징으로 일본인들의 기억 속에 각인되었다.

세이난 전쟁은 단순한 내전이 아니었다. 그것은 일본이 군사·사회적으로 '무사국가'에서 '국민국가'로 이행하는 최종 분기점이었다. 이 전쟁에서 정부군은 징병제를 통해 조직된 농민·평민 중심의 신식 군대였던 반면, 반란군은 사족 중심의 구체제의 무장 세력이었다. 근대 무기, 통신, 병참 능력을 갖춘 신정부군이, 전통적인 전투 방식에 의존한 반란군을 압도한 이 전투는, 양측에 엄청난 사상자를 만들어 냈다. 한 통계에 의하면 신정부군의 사망자는 6,278명, 사쓰마군의 사망자는 약 20,000명이었고, 부상자도 1만명에 이른다. 엄청난 희생을 초래한 비극적인 전쟁이었다.

사이고 다카모리는 패배 이후에도 일본 국민에게는 '의로운 무사'의 상징으로 기억되었고, 훗날에는 국민적 영웅으로 복권되어 제사와 동상이 전국에 세워졌다. 그러나 정치적으로는 이 전쟁을 계기로 사무라이 계급은 역사 속으로 완전히 퇴장하게 되었다.

　세이난 전쟁의 종결은 일본에서 군사력의 주체가 '사족'에서 '국민'으로, 정치의 중심이 '신분'에서 '제도'로 이행되었음을 선언하는 역사적 사건이었다. 이후 일본은 징병과 교육의 의무를 공유하는 국민, 관료제를 중심으로 한 중앙집권적 정부, 군사적 통합과 제도 개혁을 통해 근대 국민국가 체제를 본격적으로 완성하게 된다.

6 식산흥업과 산업화의 길

메이지 정부는 유신 이후 일본을 근대국가로 탈바꿈시키기 위해 '부국강병(富国強兵)'을 국가 목표로 내세웠다. 이는 말 그대로 국가를 부유하게 하고 군대를 강하게 만든다는 의미이며, 그 기반에는 자주적 경제력의 확보가 필수적이었다. 이 목표를 실현하기 위해 정부는 '식산흥업(殖産興業)', 즉 산업을 진흥하고 생산력을 증대시키는 정책을 강력히 추진했다.

식산흥업은 단순한 산업 장려가 아닌, 국가 주도의 체계적인 산업 육성 계획이었다. 정부는 자본 축적이 미비한 민간 부문을 대신해 직접 산업을 설립·경영했으며, 이른바 관영공장(官營工場) 정책을 통해 모델 공장을 운영했다. 대표적인 예로 도쿄 방적공장, 홋카이도 개척사 맥주 양조장, 야하타 제철소 등이 있으며, 이들은 근대적인 기술과 생산 방식의 시범 사례로 기능했다. 이후 이 공장들은 민간 자본에 불하되어 재벌 형성의 토대를 제공했다.

이러한 산업 육성에는 외국인 기술자와 지식인의 초빙이 큰 역할을 했다. 이른바 '오야토이 가이코쿠진(お雇い外国人)', 즉 고용 외국인이라 불린 이들은 철도, 통신, 광업, 기계제조, 방직, 교육 등 여러 분야에 투입되었다. 메이지 기간 동안 초빙된 외국인은 약 3,000명에 달했으며, 이들의 활동은 일본의 산업화 기반 기술을 정착시키는 데 중대한 기여를 했다.

한편, 메이지 정부는 여전히 농업 기반 사회에 머물러 있던 일본을 산업사회로 전환하기 위해 농업세를 주요 재정 기반으로 삼았다. 이는 지주제 강화와 농민의 과중한 세 부담으로 이어졌으나, 그로부터 확보된 자금은 철도·통신망·공장 건설 등 국가 산업 인프라 확충에 집중 투자되었다. 특히 1872년 신바시-요코하마 간 철도 개통은 산업화의 결정적 분기점이 되었고, 이후 철도망은 전국적으로 확대되며 내륙 시장 형성과 상품 유통을 가능케 했다.

식산흥업 정책은 초기에 국가의 직접 통제하에 추진되었으나, 점차 민간 기업에 이양되며 상공업 계층과 자본가의 성장을 촉진했다. 그 결과 일본은 19세기 말까지 사실상 산업혁명 수준의 급속한 산업화를 이루었고, 이는 열강 대열에 합류하는 경제적 토대를 마련해주었다.

식산흥업 정책은 초기에는 경공업, 특히 면직(綿織)과 견직(絹織) 중심의 방직 산업이 주류를 이루었다. 자본과 기술의 부담이 적고, 일본이 전통적으로 강점을 가진 분야였기 때문이다. 메이지 정부는 도쿄 방적공장, 아시카가 견직공장 등의 관영 방직공장을 설립하고, 프랑스·영국 등의 기계식 방직 기술을 도입하여 생산 효율을 크게 높였다. 이후 민간 기업으로 불하되며, 노가미 공방, 도요 공업, 니치보(日本紡績) 등 유력 방직 회사들이 성장했다. 특히 면사·생사의 수출은 일본 외화 획득의 핵심 수단이 되었다.

하지만 이러한 성장은 여성 노동력의 대규모 동원을 전제로 이루어졌으며, 노동 조건은 매우 열악했다. 농촌 출신의 젊은 여성들은 저임금, 장시간 노동, 기숙사 생활, 직업병 등 극한의 노동 환경에 노출되었고, 이를 고발한 대표적 기록이 바로 『여공의 눈물(女工哀史)』이다. 이는 호소이 와카조(細井和喜蔵)가 1925년에 발표한 르포 문학으로, 방직공장의 비인간적 현실을 낱낱이 폭로하며 사회적 반향을 일으켰다.

여성 노동은 단순한 고용 현상이 아니라, 농촌 경제와 가족 구조의 변화와도 밀접하게 연결되어 있었다. 가난한 농가는 딸을 도시로 보내어 현금 수입을 얻었고, 여성 노동자는 근대 산업화의 인적 자원 공급지로 기능했다. 이는 산업화가 내포한 사회적 불평등과 인권 문제를 드러내는 단면이었다.

경공업을 통한 자본 축적 후, 정부는 중공업 육성에 박차를 가했다. 특히 제철, 조선, 석탄 산업은 일본의 자주국방과 대외 확장을 위한 핵심 산업이었다. 메이지 정부는 1895년 청일전쟁의 배상금으로 독일 기술을 도입해 1897년 야하타 제철소 건설에 착수했고, 1901년 본격 가동에 들어갔다. 야하타 제철소(八幡製鉄所)는 후쿠오카현 기타큐슈시에 위치하며, 일본 최초의 근대 제철소이자 이후 일본 철강 산업의 중심으로 성장했다.

야하타 제철소는 단순한 생산시설을 넘어 대량 생산 체계, 생산 관리 기술, 기술인력 양성의 거점으로 기능했다. 초기에는 잦은 사고와 기술 미숙으로 어려움을 겪었으나, 국가 재정 투입과 독일 기술자의 현장 지도로 극복했다. 이후 러일전쟁(1904~1905) 시기에 철강 자립에 성공하면서, 자주국방의 상징으로 부각되었다.

야하타 제철소 본관

야하타 제철 고로방문기념사진

조선(造船) 산업은 일본이 열강에 맞설 수 있는 해군력 확보, 나아가 해상 제국으로 도약하기 위한 필수 조건이었다. 메이지 정부는 유신 직후부터 조선소 건립과 해군력 강화에 집중했다.

대표적 조선 시설로는 요코스카 조선소(橫須賀造船所)가 있으며, 이는 1871년 프랑스 기술자들의 협력을 받아 건립된 일본 최초의 본격적 조선소이다. 또 구레조선소(吳造船所)는 1889년 설립되어 일본 제국 해군의 주요 군함을 제작하는 중심 기지로 성장했다. 나가사키 조선소(長崎造船所)는 미쓰비시(三菱) 재벌이 인수해 민간 및 군수 조선의 거점으로 발전했으며, 현재도 일본의 대표적 조선소로 기능하고 있다.

요코스카와 구레는 해군 중심의 군함 제작, 나가사키는 상선 건조와 민간 수출입 중심의 조선 산업으로 각기 특화되었다. 조선 산업의 발전은 고도 금속가공, 설계, 항해 기술이 필수였기 때문에 외국 기술자의 도입과 기술자 양성 교육기관의 설립이 병행되었다. 이러한 조선 기지는 훗날 일본이 태평양 전쟁기 해상 강국으로 부상하는 데 핵심 기반이 되었다.

근대 일본 산업화의 에너지 기반은 단연 석탄이었다. 내연기관과 전기 이전 시기, 대부분의 동력과 연료는 석탄이 담당했기 때문이다. 메이지 정부는 석탄 매장지 개발과 채탄 기술의 현대화에 적극 나섰으며, 치쿠호 탄전(筑豊炭田, 큐슈 후쿠오카현)이 일본 최대의 산지로 부상했다. 또 이와키 탄전(磐城炭田, 후쿠시마현)과 미이케 탄광(三池炭鉱, 구마모토현)도 개발되었으며, 특히 하시마(端島, 군함도)는 일본의 대표적인 해저 탄광 섬으로 성장했다.

군함도는 외형이 해군 전함 도사(土佐)를 닮아 붙여진 별칭으로, 1887년부터 미쓰비시 재벌이 소유하여 본격 개발했다. 1950~60년대에는 인구 5,000명이 넘는 세계 최고 밀도의 광산 도시가 되었고, 일본 근대 산업화의 상징적 공간으로 기억된다.

이들 석탄산지는 철도, 제철소, 증기기관 산업에 필수적 연료를 공급하며 일본 산업화의 엔진 역할을 했다. 그러나 그 이면에는 열악한 노동환경, 산업재해, 아동 및 여성 노동, 직업병 등의 심각한 문제가 상존했다. 특히 탄광 지역 경제는 석탄 가격의 급변에 취약하여, 구조적 불안정성을 내포했다.

메이지 정부는 산업화와 근대국가 건설의 일환으로 교통망 확충과 금융제도 정비를 핵심 과제로 삼았다. 이 두 분야는 단순한 인프라 구축을 넘어 국가 구조의 재편과 산업·상업의 활성화에 결정적 역할을 했다.

1872년, 일본 최초의 철도인 신바시-요코하마 간 노선(약 29km)이 개통되었으며, 이는 영국의 자본과 기술을 도입한 것이다. 이후 정부는 도쿄-오사카-고베-큐슈-홋카이도를 잇는 대동맥을 구축했고, 내륙 산간지역까지도 연결하는 전국 철도망 정비에 착수했다. 철도는 원료와 제품의 유통, 시장 통합, 지역 간 교류를 촉진하는 근대 산업사회의 필수 요소가 되었다.

이와 병행하여 항만과 도로, 통신망도 정비되었다. 요코하마, 고베, 나가사키 등 주요 무역항은 근대식 부두와 창고로 재편되었고, 전신·우편제도의 발달은 행정 효율성과 상업 정보 유통 속도를 대폭 향상시켰다. 1871년 우편제도, 1870년대 전신선 연결은 정보 기반 산업화를 촉진했다.

또한 금융 제도의 근대화는 일본 자본주의의 핵심 기반이었다. 정부는 1872년, 미국의 모델을 참고한 국립은행 조례를 제정하고, 제1국립은행(第一國立銀行)을 도쿄에 창립했다. 이후 전국적으로 150개 이상의 국립은행이 설립되어 지역 지폐 발행과 금융 업무를 담당했다.

그러나 1882년, 중앙은행인 일본은행(日本銀行)이 설립되면서 발권권은 일본은행으로 일원화되었고, 국립은행은 상업 금융 중심의 민간은행으로 전환되었다. 일본은행은 정부 예산 관리, 기업 융자 통제, 외환 업무 수행을 담당하며 국가 재정 신뢰성과 자본 유통의 안정성을 보장했다.

메이지기의 제철·조선·석탄 산업은 근대 일본의 자주적 군사력 확보, 산업 인프라 구축, 에너지 체계 정립이라는 점에서 결정적이었다. 철도·통신·금융의 정비는 단지 기술적 발전을 넘어 근대 자본주의 시스템의 토대가 되었고, 일본은 이를 바탕으로 19세기 말 제국주의 국가로 도약하게 된다.

그러나 이 모든 과정은 외국 기술 의존, 노동자 착취, 사

군함도의 현재 모습

회적 불균형이라는 그림자도 함께 안고 있었다. 제철소, 조선소, 탄광에서의 산업재해와 열악한 노동조건은 향후 일본 노동운동의 기반이 되었고, 이는 근대화의 양면성을 드러내는 상징적 사례였다.

요컨대, 식산흥업과 산업화는 메이지 일본이 단순한 정치 개혁을 넘어, 근대국가의 실질적 정체성을 형성해가는 핵심 축이었으며, 이후 국가·군사·경제가 일체화된 제국 일본으로의 이행을 가능케 한 결정적 기반이 되었다.

UNESCO 등재 메이지 산업 유산

2015년 7월, 일본은 「메이지 일본의 산업혁명 유산: 철강·조선·석탄 산업」(Meiji Industrial Revolution: Iron and Steel, Shipbuilding and Coal Mining)이라는 이름으로 총 23개 시설을 유네스코 세계유산으로 등재하는 데 성공했다. 이 유산은 1850년대 후반부터 1910년까지, 일본이 봉건적 사회에서 근대 산업국가로 이행하는 과정을 보여주는 물질적 증거로 평가되었다.

유네스코는 이 산업 유산에 대해, 비(非)유럽권 국가가 서구 기술을 성공적으로 이식하고 자립 산업 기반을 구축한 모범 사례라고 평가했으며, 이를 인류사적 전환의 가시적 흔적이라는 점에서 높이 평가했다.

그러나 이 유산은 단순한 기술의 진보만을 의미하지 않는다. 조선인·중국인 등 식민지 출신 노동자들의 강제 동원이라는 어두운 역사가 함께 얽혀 있다는 점에서, 역사 인식과 기억의 형성이라는 민감한 문제를 동반하고 있다.

유네스코 등재 유산은 일본 8개 현에 걸쳐 총 23개 시설로 구성되어 있으며, 이 중 약 80%가 규슈 지역에 집중되어 있다. 이는 규슈가 메이지 시기 일본 근대 산업화의 중심지였음을 보여주며, 산업 유형별로 제철, 조선, 석탄 산업이 주를 이룬다.

① 철강 산업 분야 유산

메이지기 철강 산업은 일본 산업화의 핵심 동력이었다. 주요 등재 유산은 다음과 같다.

- **야하타 제철소**(八幡製鉄所, 기타큐슈시)

  일본 최초의 근대식 고로제(高爐制) 철강 생산시설로, 1901년 가동을 시작했다. 독일의 제철 기술을 도입해 국가 주도로 운영되었으며, 20세기 초 일본 철강 생산량의 약 90%를 담당했다. 세계유산으로 지정된 대상은 제1고로(터), 구 본관, 옛 수력발전소, 구 탄광사택 등이다.

- **하기 반사로**(萩反射炉, 야마구치현 하기시)

  막부 말기 서양식 금속 주조 기술을 실험하던 소규모 설비로, 규모는 작지만 일본이 근대적 제철기술을 자체적으로 시험한 기술사적 가치가 높은 유산이다.

② 조선 산업 관련 유산

조선 산업은 일본이 근대 해군력을 확보하고 해상 제국으로 도약하는 데 핵심적인 역할을 했다. 대표적인 관련 유산은 다음과 같다.

- 나가사키 조선소 관련 시설군(三菱重工業長崎造船所)

  프랑스 기술을 기반으로 근대식 조선소로 발전했으며, 이후 미쓰비시가 인수하여 군수 조선과 상선 제작의 중심지로 기능했다. 유네스코에 등재된 유산은 제3도크, 지브 크레인, 목조 사무소 건물 등이다.

- 요코스카 조선소 관련 설비

  본 조선소 자체는 등재 대상에 포함되지 않았지만, 설계·기획 차원의 기술적 영향력이 간접적으로 평가되어 유산 범주에 포함되었다.

③ 석탄 산업 관련 유산

석탄은 메이지기의 일본 산업화에서 에너지와 기계 동력의 핵심 자원이었다.

- 하시마 탄광(端島炭鉱, 일명 군함도)

  나가사키현 해상에 위치한 해저 탄광 섬으로, 1890년 미쓰비시가 인수한 후 일본 최대의 탄광 중 하나로 발전했다. 최전성기에는 세계에서 가장 높은 인구 밀도를 기록했으며, 콘크리트 주거지, 탄광 설비, 부두, 학교 건물 등이 유산으로 등록되었다. 그러나 조선인과 중국인 노동자의 강제노동 현장으로도 널리 알려져 있으며, 국제 사회의 강한 비판과 논란을 불러일으키고 있다.

- 미이케 탄광(三池炭鉱, 구마모토현/후쿠오카현)

일본 최대의 내륙 탄광으로, 근대적 수직 갱도와 수압 양수 시스템 등이 도입된 기술 집약형 탄광이다. 미이케 항, 기계 공장, 전용 철도 등 관련 기반 시설도 함께 유산으로 지정되었다.

- 다카시마 탄광(高島炭鉱, 나가사키현)

일본 최초의 기계식 해저 갱도로, 1869년부터 운용되었다. 일본 석탄 수출과 내수 공급의 초석이 되었으며, 기술사적 가치가 크다.

이상에서 언급한 메이지 산업유산의 세계유산 등재는 기술사적으로는 근대화 성공의 상징이지만, 동시에 역사 인식과 기억의 문제를 야기하는 복합적인 유산이다.

특히 군함도와 미이케 탄광 등 일부 시설은 일본인은 일제강점기 물론 조선인·중국인 강제노동의 현장이었다. 그러나 일본 정부는 유네스코 등재 과정에서 이러한 역사적 사실을 충분히 인정하지 않았고, 2015년 등재 당시 유네스코에 "관련 설명을 위한 전시 시설을 설치하겠다"는 약속을 했음에도, 2021년까지도 구체적인 이행이 미흡하다는 이유로 유네스코 세계유산위원회로부터 경고를 받았다.

지역별 유산 등록 정리표

지역 (현)	유산 명칭	분야	주요 내용 요약
이와테현	가마이시 제철소	제철	일본 최초 고로 제철 시도, 독일 기술 도입
	다이코잔 용광로	제철	서양식 철 제련 실험로
야마구치현	하기 반사로	제철	서양식 반사로, 초창기 철 생산 실험
	하기 사무소	행정	근대 산업 행정 기구 출발점
	하기 에비스가와 발전소	전력	초기 수력 발전 설비
	시모노세키 조선소	조선	조선업 기반 형성
나가사키현	미쓰비시 나가사키 조선소 (제3도크 외)	조선	프랑스식 근대 조선소, 미쓰비시 운영
	나가사키 잠수함 학교	해군/기술	해군 장교 및 기술 교육기관
	하시마 석탄광 (군함도)	석탄	해저 탄광, 고밀도 주거, 강제노동 논란
	다카시마 석탄광	석탄	일본 최초의 기계식 해저 채탄
후쿠오카현	야하타 제철소 관련 시설 (제1고로 외)	제철	일본 최초 근대 고로, 국가 중공업의 중심
	구 후쿠가와 수차 설비	전력	제철소 동력 공급 설비
	구 야하타 수력 발전소	전력	산업용 수력발전
	오오이 선 창고	물류	철강 운송용 창고
	나카마구 기숙사	주거	제철소 노동자 관사

지역 (현)	유산 명칭	분야	주요 내용 요약
후쿠오카현	미이케 기계공장	제조	채탄 장비 제작 및 수리 시설
	미이케 철도	철도	탄광~항구 연결 산업 철도
구마모토현	미이케 탄광	석탄	일본 최대 내륙 탄광, 강제노동 사례
	미이케 항	운송	석탄 수출용 항구
가고시마현	사쓰마 쇼세이칸	제조/기술	번영 주도 공장단지, 기술 도입 창구
	니라이카와 수력 발전소	전력	지방 산업 전력 공급소
도쿄도	구 도쿄 교육 박물관 (현 과학박물관)	교육/기술	근대 과학·산업 교육의 기틀
오키나와현	사쿠라다이 어항	운송/보조	탄광 연계 항만, 물류 중계 기능

현재까지도 유산 관련 전시와 해설 콘텐츠는 대부분 산업 기술 발전과 국가 성취 중심의 서사에 집중되어 있으며, 노동 현실, 인권 침해, 식민지 착취 문제는 공식 기록에서 충분히 다뤄지지 않고 있다는 비판이 지속되고 있다.

한국과 중국은 이에 대해 "식민지 지배와 전쟁 범죄에 대한 책임 회피"라고 비판하고 있으며, 반면 일본 내부에서는 "산업 유산을 통한 국가 자부심 제고"의 목소리가 강하게 존재하는 것도 사실이다.

메이지 산업 유산은 일본이 19세기 말에서 20세기 초, 서구의 기술과 제도를 수용하여 자립적 산업국가로 도약한 과정을 압축적으로 보여주는 지표이다. 특히 자원 확보 → 에너지 동원 → 기술 집약 → 군수산업으로 이어지는 구조는 일본이 제국주의로 나아가는 국가 발전 경로를 명확히 보여준다.

결론적으로, 이런 점에서 메이지 산업 유산은 단순한 기술 유산이 아닌, 산업화의 명과 암을 모두 품은 '복합유산'으로 이해되어야 하며, 산업 발전의 영광과 함께, 그것을 가능하게 한 수많은 희생과 억압의 역사도 함께 조명하고 기억해야 할 의무가 있다.

7 자유민권운동과 제국의회

메이지 유신 시기의 자유민권운동(自由民權運動)과 제국의회 개원 과정은 일본이 입헌군주국으로 이행하는 데 핵심적인 역할을 하였다. 이 운동은 하층 사무라이, 신흥 지식인, 농민, 도시 상공업자 등이 중심이 되어 국민의 정치 참여와 자유로운 권리를 요구한 정치운동으로, 일본 근대 정치의 기초를 형성한 중요한 사건이었다.

메이지 유신 이후 일본 정부는 중앙집권적이고 군주권이 강한 근대국가를 형성하려 하였다. 그러나 초기 메이지 정부는 사초도히(薩長土肥; 사쓰마·조슈·도사·히젠 출신) 세력을 중심으로 한 과두정치를 시행하면서 일반 국민은 정치에서 배제되었고, 정부의 독단적인 정책 운영이 이어졌다. 특히 지방 지배층의 이해와 충돌하는 조세 제도 개혁(지조개정, 地租改正)과 서양 문물 수용에 따른 급격한 변화는 사회 각층의 불만을 고조시켰다.

이러한 상황에서 도사 번 출신 정치가 이타가키 다이스

케(板垣退助)는 1874년 '민선의원 설립 건의서'(民撰議院設立建白書)를 정부에 제출하며 본격적인 자유민권운동을 시작하였다. 그는 헌법 제정과 의회 설립, 참정권 확대, 언론·집회·결사의 자유, 불평등 조약 개정 등을 주장했다. 사가 번 출신의 오쿠마 시게노부(大隈重信) 역시 입헌정우회를 조직하며 자유민권운동을 주도하였으며, 가타오카 겐키치(片岡健吉), 고노 히로미(河野広中) 등의 인물도 주요 역할을 하였다.

1874년 건의서 제출 이후 정부는 이를 묵살하였으나, 1880년에는 전국 각지에서 자유민권운동 조직이 확대되었고, 1881년에는 자유당(自由党)이 창당되었다. 오쿠마 시게노부는 의회 개설을 공식 건의하며 정부를 압박하였다. 이에 정부는 신문지조례, 집회조례 등으로 언론과 집회를 탄압하였지만, 운동의 확산과 국제적 압력으로 인해 점차 개혁을 추진하지 않을 수 없었다. 결국 메이지 천황은 1890년까지 의회를 개설하겠다는 칙어를 발표하였다.

자유민권운동이 활발해지면서 정부의 탄압도 심화되었다. 1882년 이후 이타가키 다이스케 중심의 자유당이 더욱 적극적으로 활동하자, 정부는 민권운동에 대한 탄압을 강화하였고, 1884년에는 지치부 사건(秩父事件) 등 일부 지역에서 농민 폭동이 발생하면서 운동이 과격화되었다. 이에 따라 정부는 민권운동을 통제하기 위해 강경책을 폈으며, 궁극적으로는 운동의 요구 일부를 수용하는 방향으로 나아갔다.

1890년 제국의회 개원에 앞서, 정부는 입헌군주제 체제를 확립하기 위해 헌법 제정을 추진하였다. 이토 히로부미(伊藤博文)는 독일 프로이센식 입헌군주제를 모델로 삼고, 유럽에 유학하여 헌법을 연구한 후 헌법 초안을 작성하였다. 이토는 천황 중심의 국가 구조를 유지하면서도 서구식 제도를 부분적으로 도입하여 1889년 '대일본제국헌법'(大日本帝國憲法)을 공포하였다.

메이지 헌법은 표면적으로는 입헌정치 체제를 갖추었으나, 실질적으로는 천황에게 절대적인 통치권을 부여하였다. 천황은 입법권, 군 통수권, 외교권 등을 보유하며, 의회는 귀족원과 중의원의 양원제로 구성되었지만, 중의원 선거권은 연간 15엔 이상의 납세 요건을 충족한 만 25세 이상 남성에게만 부여되어 전체 인구 중 약 1%만이 참여할 수 있었다. 또한 정부는 예산 승인 없이 집행할 수 있는 불요불급비 조항 등을 통해 의회의 권한을 제한하였다.

자유민권운동은 일본 근대 정치에서 국민의 정치 참여를 제도적으로 이끌어낸 최초의 운동으로서 큰 의의를 가진다. 이 운동은 하층 사무라이와 도시 민중이 정치에 관심을 갖게 하였고, 정당 형성 및 대의정치의 기반을 마련하였다. 이후 일본의 정당정치(입헌정우회, 입헌민정당 등)로 이어지는 토대를 제공하였다.

그러나 이 운동과 제국의회 개설에는 여러 문제점과 한계도 존재하였다.

첫째, 정치 참여의 제한성이다. 앞서 언급한 바와 같이 선거권은 극히 제한적이었고, 대부분의 국민(농민, 노동자, 여성 등)은 정치에서 배제되었다. 정치 운영 역시 지방 지배층과 도시 자본가 등 상류층 엘리트 중심으로 이루어져 민중의 요구가 제대로 반영되지 못했다.

둘째, 입헌주의의 왜곡이다. 메이지 헌법은 명목상 입헌정치를 채택하였지만, 실제로는 천황주권을 바탕으로 하여 실질적인 권력은 천황에게 집중되었고, 내각도 의회에 책임을 지지 않았다. 총리와 각료는 천황이 임명하고 해임하는 구조로, 오늘날의 의회민주주의와는 근본적으로 달랐다.

셋째, 자유민권운동의 과격화와 분열이다. 지치부 사건처럼 일부 지역에서는 농민운동과 결합되어 무장봉기나 폭력 시위로 이어졌고, 정부는 이를 강력히 탄압하였다. 또한 운동 내부에서는 자유당(이타가키 중심)과 입헌개진당(오쿠마 중심) 간의 전략과 노선 차이로 인해 연대가 어려웠고, 정당 활동이 단기적 이익 중심으로 운영되면서 장기적인 국민 계몽이나 조직적 기반 형성에 미흡하였다.

넷째, 정당정치의 제도적 기반 미비이다. 제국의회 개설

이후에도 정당은 정치의 공식 파트너로 인정받지 못하고, 정부는 여전히 관료 중심 정치를 지속하였다. 1890~1900년대에는 군부와 관료가 정국을 주도하였고, 정당은 수동적인 위치에 머물렀다. 1920년대 대정민주(大正데모크라시) 시기에 일시적으로 정당정치가 활기를 띠었으나, 1930년대 이후 다시 군부와 천황 중심의 체제가 강화되어 입헌주의는 사실상 무력화되었다.

그럼에도 불구하고 자유민권운동은 일본 역사상 처음으로 국민 주도의 정치 개혁 운동으로, 제국의회의 개원을 통해 일본 근대 정치의 기틀을 마련하였다. 이는 이후 일본 정치 발전뿐만 아니라 20세기 초 중국의 신해혁명, 대한제국의 입헌운동 등 아시아 정치운동에도 영향을 주었다는 점에서 역사적 의의가 매우 크다.

제4장

유신의 철학
: 메이지 이념과 국가 비전

1. <선중팔책>
2. <5개조 서약문>
3. <교육령>과 <교육칙어>
4. <군인칙유>
5. <대일본 제국헌법>

1 〈선중팔책〉
초기 개혁 방향

19세기 중엽, 일본은 국내적으로는 막부 권위의 붕괴, 국제적으로는 서구 열강과의 불평등 조약 체결로 인한 주권 침해라는 이중 위기에 직면해 있었다. 이러한 혼란 속에서 등장한 이들이 바로 메이지 유신의 주역, 이른바 '유신의 리더'들이었다. 이들은 대부분 사쓰마, 조슈, 도사 등 유력 번의 하급 무사 출신으로, 일본의 새로운 정치 체제와 국가 비전을 모색하고자 했다.

그 중심 인물 중 한 명이 사카모토 료마(坂本龍馬, 1836~1867)였다. 도사번 출신의 하급 무사였던 료마는 막부 중심 체제에 강한 회의를 품고, 존황양이 사상과 서구 문명을 융합한 독자적 정치 철학을 발전시켰다. 그는 막부의 자발적 해체와 천황 중심의 새로운 국가 체제 수립이라는 파격적 구상을 제시하며, 전통 복고와 서구 입헌주의를 절묘하게 결합시켰다.

이러한 정치 사상은 1867년 6월, 교토로 향하는 배 위에서 작성한 개혁 문건으로 구체화되었으며, 이것이 〈선중팔책(船中八策)〉이다. 이 문건은 도사번 상급 무사 고토 쇼지로(後藤象二郎)를 통해 사쓰마·조슈의 유신 세력에 전달되었고, 이후 메이지 유신의 철학적 밑그림으로 기능했다.

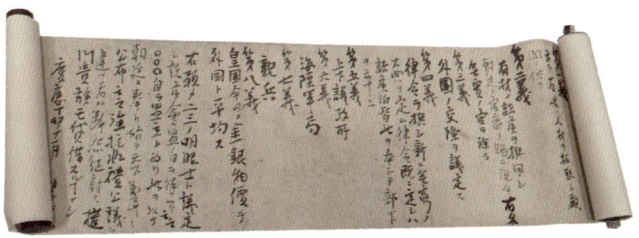

〈선중팔책〉 원본

〈선중팔책〉 원문
1. 천하의 정권을 조정(천황)에 반환할 것.
2. 상하 양원제의 의회를 설치하여 모든 중요한 국정은 공론에 따라 결정할 것.
3. 유능한 공경(귀족), 제후(다이묘), 그리고 각 번의 무사들을 선발하여 관리로 등용할 것.
4. 외국과의 교섭은 공개적으로 결정할 것.
5. 고대의 율령을 참고하면서 새로운 영원불변의 대법전을 제정할 것.
6. 해군을 확대 정비할 것.
7. 천황의 친위대를 설치하여 수도를 방위할 것.
8. 금은 및 물가에 대해 외국과 동등한 기준의 제도를 수립할 것.

이 항목들은 메이지 유신의 핵심 이념 세 가지를 포괄하고 있다:

① 정치권력의 중앙집권화.
② 개인의 능력 발현과 역량 중심 사회.
③ 서구 문명 수용을 통한 국제 질서 편입.

특히 "만국공법의 준수"와 "국제 외교 확대"는 일본이 당시 서구 질서를 자발적으로 받아들이고자 했던 진보적 인식을 반영한다. 이는 훗날 불평등 조약 개정, 제국 헌법 제정 등 근대국가 체제 구축 과정으로 이어졌다.

1867년 10월, 사카모토 료마의 구상을 기반으로 고토 쇼지로 등이 도쿠가와 요시노부를 설득한 결과, 막부는 정권을 조정에 반납하는 '대정봉환(大政奉還)'을 단행한다. 이는 메이지 유신을 실현하는 데 결정적인 전환점이 되었고, 왕정복고와 메이지 정부 수립의 출발점이 되었다.

이후 1868년 반포된 〈5개조 서약문(五箇条の御誓文)〉은 선중팔책의 내용을 거의 그대로 계승하여, 유신 정부의 기본 이념을 제도화했다. 예를 들어 '광범한 회의 개설', '신민의 충정 장려', '문명 개화', '구습 타파' 등의 조항은 선중팔책의 주요 사상을 반영한 것이다.

따라서 〈선중팔책〉은 단순한 이상론이 아니라, 유신 개혁의 철학을 정치적 실천으로 연결한 핵심 문서였다. 이후 제도 정비, 입헌론, 인재 등용, 외교 정책 등 유신 정부의 주요 개혁들은 이 문건에 담긴 철학적 비전을 바탕으로 전개되었다.

사카모토 료마는 일본 고유의 충군사상, 천도주의에 서구의 입헌주의, 국제법, 능력주의를 결합하여, 국가와 개인의 동반 근대화라는 방향을 제시했다. 결과적으로 선중팔책은 메이지 유신의 사상적 출발점이자 정책적 원형으로 평가되며, 메이지 일본의 국가 정체성 형성에 결정적인 영향을 미쳤다.

2 <5개조 서약문>
근대국가의 설계

1868년 3월 14일, 메이지 천황은 왕정복고 직후 새로운 국가 체제의 통치 원칙을 천명하기 위해 <5개조 서약문(五箇条の御誓文)>을 반포했다. 이는 천황의 이름으로 선포된 형태를 띠지만, 실질적으로는 메이지 신정부의 통치 철학과 국가 비전을 집약한 국가 선언문이었다.

서약문의 기획에는 이와쿠라 토모미(岩倉具視), 산조 사네토미(三条実美) 등 궁중 귀족 출신의 정치가들과 사쓰마·조슈 출신의 유신 실력자들이 중심이 되었다. 이들은 선중팔책(船中八策)의 이념을 기반으로 하여, 새로운 정권의 정통성과 개혁 방향을 명문화할 필요성을 절감하고 있었다.

5개조 서약문은 입헌주의적 공론 정치와 천황 중심의 권위 체제를 동시에 담은 독특한 통치 모델을 제시했다. 즉, 국정은 국민의 의사에 기초해 운영되어야 하지만, 정치적 권위는 천황에게 귀속된다는 이중 구조는 메이지 유신기 일본이 지향한 정치 철학의 핵심이었다.

〈5개조 서약문〉 원문
1. 널리 회의를 열어, 모든 국정은 공론에 따라 결정할 것이다.
2. 상하가 뜻을 합하여 나라의 경륜(운영)을 힘써 행할 것이다.
3. 관료와 무사, 그리고 서민에 이르기까지, 각자가 자신의 뜻을 펼쳐 백성들이 피로감을 느끼지 않도록 할 것이다.
4. 예로부터 내려오던 낡은 악습을 타파하고, 천지의 정의(보편적 정의)에 기초하여 나라를 운영할 것이다.
5. 지식과 학문을 세계로부터 구하여, 크게 왕실의 기반을 진흥시킬 것이다.

〈5개조 서약문〉의 주요 내용은 다음과 같다.

① 광범한 회의의 개설이다. 정무를 공론(公論)에 의해 결정한다는 원칙으로, 훗날 제국의회 설립(1889년) 및 정당정치의 이념적 기초가 된다.

② 신민의 충정 장려이다. 지배자와 피지배자가 함께 국가를 운영한다는 이상으로, 유교적 군신일체(君臣一體) 사상과 결합되며 이후 교육칙어(1890)의 정신적 기반을 형성한다.

③ 신분제 폐지와 능력주의 채택이다. 각 국민이 뜻을 펼칠 수 있도록 한다는 내용으로, 메이지기의 교육 제도, 인재 등용 정책, 직업 자유 보장 등과 직결된다.

④ 구습의 타파와 문명 개화의 수용이다. 봉건적 관습을 철폐하고 천지의 공도(公道, 자연법)에 따라 합리적인 근대 질서를 구축하자는 선언으로, 법치주의와 행정 개혁의 정당성을 제공한다.

⑤ 세계 문명의 수용과 국력 증진이다. 해외 문물과 제도를 받아들여 국권과 황실을 강화하겠다는 입장으로, 이는 이와쿠라 사절단, 외국인 기술자 초빙, 근대 교육 제도 확립 등으로 구체화된다.

이상 5개조 서약문은 일본 근대국가가 어떤 방향성을 지향할 것인가에 대한 설계도였다. 이 문서는 단순한 개혁 선언이 아닌, 전통과 근대, 유교와 자유주의, 권위와 민의의 조화라는 이질적 요소들을 절충·통합한 정치적 이념 선언이었다.

정치적으로는 프로이센형 입헌군주제를 일본식으로 변형한 모델에 가까웠다. 즉, 입헌적 요소(공론, 회의)와 천황 중심의 통치 구조가 병존하는 제한적 입헌주의를 지향했다. 이는 훗날 메이지 헌법(1889) 제정의 이념적 기반이 된다.

사상적으로는 유교적 충의와 공동체 윤리를 중심에 두면서도, 개인의 능력과 문명 도입을 중시하는 자유주의적 요소가 혼합되어 있다. 천황에 대한 충성, 신민의 통합, 자아실현과 외부 문명의 수용은 이 시기 일본이 지향한 국민형의 성격을 잘 보여준다.

따라서 〈5개조 서약문〉은 메이지 일본이 새로운 국가 질서를 구축하면서 정통성(천황 주권), 공공성(공론 정치), 근대성(문명개화)을 동시에 확보하려 한 근대화 전략의 핵심 문서이다. 특히 사카모토 료마의 선중팔책을 정책적으로 계승하여, 메이지 유신의 정치 철학을 제도화한 선언이라는 점에서 그 의의가 크다. 또한 단순한 법령이 아니라, 일본 근대국가 건설의 정치적·철학적 이념으로 기능했고, 그 정신은 훗날까지 제국 일본의 정체성과 통치 기조에 깊은 영향을 미치게 된다.

3 〈교육령〉과 〈교육칙어〉

메이지 정부는 국가 건설의 출발점을 '국민의 개조(國民の改造)'에서 찾았다. 봉건적 신분 질서와 높은 문맹률이 지배하던 에도 시대의 한계를 넘어, 근대국가의 시민으로서 적합한 '국민'을 양성하는 것이 절박한 과제로 인식되었다. 이러한 국가적 요청에 따라 1872년, 일본 최초의 통일적 교육 법령인 〈교육령(学制)〉을 공포했다.

> 〈교육령〉 원문
> ① 입신(立身)과 치산(治産)을 위해서는 '수신개지(修身開智)하여 재예(才藝)를 장(長)케' 할 필요가 있는데, 이를 위하여 학문을 전수하는 곳이 학교이다.
> ② 이러한 학문은 '공리허담(空理虛談)'을 일삼고 실천에 보탬이 되지 못했던 봉건적 교학(敎學)이 아니요, 일상의 언어와 서·산(書算)을 비롯하여 관리·농·상·공 기타 모든 직업에 필요한 지식과 기술이어야 한다.

③ 이러한 학문은 입신에 필요한 '재본(財本)'이기 때문에 신분 계급을 묻지 않고 모든 인민이 접해야 하며, 따라서 '읍(邑)에 불학(不學)의 호(戶)가 없고, 가(家)에 불학의 사람이 없도록' 기(期)해야 한다.
④ 학교 교육은 각인의 입신치산(立身治產)에 필요하므로 그 비용은 관에 의존하지 않고 인민 스스로가 부담해야 한다

〈교육령〉은 프랑스 학제를 참조하여, 전국을 8개의 대학구(大学区), 256개의 중학구(中学区), 53,760개의 소학구(小学校区)로 나누고, 다음과 같은 내용을 골자로 삼았다:

교육의 목적을 인간의 도리(윤리), 지식 계발, 체력 단련, 천성 발달을 통해 각자가 사회적 역할을 수행할 수 있도록 하고, 의무교육제를 도입하여 모든 국민에게 일정 수준의 초등교육을 의무화한다 그리고 교육 단계를 제도화하여 보통학교 → 중학교 → 고등학교 → 전문학교 → 대학으로 이어지는 체계를 확립한다. 또한 지방 교육 자치를 실시하여 지방자치단체에 일정한 교육 행정 권한을 부여하고, 교사 양성을 위해 사범학교 설립과 교원 자격 제도 도입하며, 국가주의적 방향성을 강화하고, 교육을 국가 통치와 국민 통합의 수단으로 활용한다는 것이다. 특히 삿포로 농학교(現 홋카이도 대학), 도쿄 제국대학(現 도쿄대), 케이오의숙(慶應義塾, 福澤諭吉 설립)

등은 서구 학문의 중추 역할을 하게 된다. 결론적으로 이 제도는 교육을 국가의 책무로 전환하고, 국민 전체를 교육 대상으로 포섭한 근대적 교육체계의 출발점이었다.

그러나 초기 교육령은 문명개화의 상징이자 국가 통합 전략으로 기능했으나, 농촌의 저항, 교육비 부담, 전통 윤리와의 충돌 등으로 시행에는 난점이 많았다. 그리하여 1879년, 교육령은 교육조례에서 교육칙유(教育勅諭)로 개편하고, 교육의 국가 중심 통제가 강화되는 방향으로 전환되었다.

그 후, 1890년 10월 30일, 메이지 천황의 이름으로 반포된 〈교육칙어(教育勅語)〉는 메이지 국가의 통치 철학이 가장 응축된 교육 이념 문서로 평가된다. 겉으로는 '국민 도덕의 권장'을 표방했지만, 실제로는 국가주의, 유교 윤리, 천황 숭배를 통합한 국민 통합 이데올로기를 담고 있었다.

> 〈교육칙어〉 원문
> 짐이 생각건대 우리 황조황종의 나라가 비롯한 것은 굉원하며, 덕을 세운 것은 심후하도다.
> 우리 신민이 좋이 충하고 좋이 효하여
> 억조심(億兆心)을 하나로 하여 세세(世世)에 미를 이룩함은
> 곧 우리 국체의 정화로서 교육의 연원이 또한 실로 여기에 있느니라.

> 그대 신민은 부모에 효하고 형제에 우하고 부부상화(夫婦相和)하고
> 붕우상신(朋友相信)하고 스스로 공검(恭儉)하여
> 박애를 뭇사람에 미치고 학을 갈고닦고 업을 배움으로써
> 지능을 계발하여 덕기(德器)를 성취하고
> 나아가 공익을 넓히어 세무(世務)를 열고
> 항상 국헌을 무겁게 여기고 국법에 따르고
> 유사시에는 의용으로써 봉공하고
> 천양무궁한 황운을 부익(扶翼)할지니라.

교육칙어의 핵심 규범은 다음과 같다. 부모에게 효도하고 형제간 우애하고(孝悌), 나라에 충성하고 군주에게 충의를 다하며(忠義), 법률과 헌법을 존중하고(遵法), 국가 위기 시 목숨을 바쳐 봉시하는 것이었다. 그래서 교육칙어는 각급 학교에 천황의 어사진(御真影)과 함께 비치되었고, 입학식, 졸업식, 기념일에 학생과 교사는 칙어를 낭독하며 절하는 의례를 행했다. 이는 천황 중심 질서가 국민의 일상 의식에 침투하는 정치문화를 형성했다.

이런 점에서 보면, 메이지기의 교육정책은 단순한 문맹 퇴치나 기술 인재 양성을 넘어, 이상적 국민상을 창출하는 정치적 제도였다. 그리고 크게 두 가지 방향에서 전개되었

는데, 실용적 측면에서는 외교, 군사, 산업 부문에 필요한 인재 양성하고, 이념적 측면에서는 국가에 충성하는 국민(臣民)을 양성하는 것이었다. 이러한 점은 특히 1890년 이후 교육은 점점 후자의 성격이 강해졌다. 교육은 근대화의 수단인 동시에 통치 이데올로기의 전달 기구가 되었으며, 그 중심에는 교육칙어가 있었다.

요컨대, 메이지 정부는 교육을 단순한 문화 정책이 아닌 '국민 형성'과 '국가 통합'의 전략적 수단으로 활용했다. 이는 근대국가의 핵심 조건인 문해력, 규율, 충성심을 제도적으로 육성하려는 시도였다. 교육은 법제 개혁, 군제 개편, 산업 육성과 더불어 가장 강력한 통치 수단으로 기능했고, 국민을 통치 대상이자 국가 이념 내면화의 주체로 조직하는 것이었다.

4 〈군인칙유〉
충성과 복종

메이지 유신은 단지 정치 체제의 전환에 그친 것이 아니라, 군사 조직의 전면적 재편이라는 체제 혁명을 수반했다. 근대국가의 핵심 조건으로 상비군의 보유가 필수적이라는 인식 아래, 메이지 정부는 전통적인 사무라이 중심의 무장 조직을 해체하고, 국민 전체를 병역의 주체로 포함하는 근대적 군제 수립을 본격적으로 추진했다.

이미 1869년부터 사무라이 계급의 특권을 폐지하는 조치가 시행되었고, 이어서 1873년에는 징병령(徵兵令)을 공포하여 일본은 무사 계급 중심의 봉건적 병력 체제에서 평민을 포함하는 국민군 체제로 이행하게 된다. 이 징병령은 병역 대상 연령을 만 20세로 정하고, 복무 기간을 3년의 현역 복무와 4년의 예비 복무로 규정했다. 초기에는 장남 면제 규정과 병력 정원제를 함께 운영했으며, 징병 행정의 세부 시행은 육군성에 일임함으로써 군제의 관료화와 중앙집중화를 추구했다.

이와 같은 징병제는 외형상으로는 국민 평등에 기초한 제도처럼 보였지만, 실제로는 천황을 정점으로 하는 국가 권력의 틀 속에 일반 평민을 병역 의무자로 편입시키는 방식이었다. 군대는 단순한 무장 조직이 아니라, 천황 중심의 국가 이념을 내면화하고 실천하는 이데올로기 기관으로 작동하게 되었다.

> **〈징병령〉 원문**
> 제1조. 모든 국민은 병역의 의무를 지닌다.
> 제5조. 만 20세가 된 자는 병적(군사 명부)에 편입된다.
> 제7조. 병역은 추첨에 따라 결정한다.
> 제11조. 한 가정의 장남은 징병을 면제한다.
> 제17조. 현역은 3년, 예비역은 4년으로 한다.
> 제20조. 이 법령의 시행 세칙은 육군성이 이를 정한다.

이러한 흐름 속에서 1882년 1월 4일, 메이지 천황은 제국 육군 참모총장 야마가타 아리토모(山縣有朋)에게 '군인칙유(軍人勅諭)'를 하달한다. 이 문서는 일본 군대의 정신적 지침이자 윤리 규범으로 기능했고, 이후 군 내부뿐 아니라 일본 사회 전반에 영향을 미친 중요한 이념 문서로 자리 잡는다.

군인칙유의 핵심은 크게 세 가지로 요약된다. 첫째, 군인은 무엇보다도 천황에 대한 절대적 충성을 바쳐야 하며, 이 충성은 생명을 바쳐 지켜야 할 가치로 규정되었다. 천황은 군 통수권자로서의 지위에 그치지 않고, 군대의 정신적 중심이자 국가 그 자체로 여겨졌다.

둘째, 군인은 상관의 명령에 절대 복종해야 하며, 위계질서와 절제를 준수하고 예절을 지켜야 한다. 이러한 복종은 단지 군사 규율의 차원을 넘어, 도덕적 윤리로서 내면화되어야 할 미덕으로 강조되었다.

셋째, 군인은 정치에 관여하지 않으며, 국법을 존중하고 오직 임무 수행에 전념해야 한다는 원칙이 명시되었다. 이 조항은 겉으로는 정치적 중립을 표방했으나, 실제로는 군부의 정치적 독립성과 초법적 권위를 정당화하는 근거로 작용했다.

군인칙유는 이후 1890년에 반포된 교육칙어와 함께 학교 교육에서 중요한 '성문(聖文)'으로 활용되었다. 각 학교에는 천황의 어사진(御真影)과 함께 군인칙유가 비치되었고, 학생과 교사는 입학식이나 기념일마다 이에 대해 절을 하고 암송하는 의례를 행했다.

이처럼 군대의 정신은 단지 군 내부에 머물지 않고, 사회 전체로 확산되었다. 군인의 덕목은 교육, 청소년 단체, 유소년 군사 교육 등 다양한 경로를 통해 국민의 도덕으로 자리

잡았으며, 모든 국민이 군인의 정신을 지닌 '신민(臣民)'으로 길러지기를 요구받았다.

야마가타 아리토모는 이러한 군대의 위상을 "군대는 천황의 신체이며, 국체의 정수"라고 표현했다. 이같은 인식은 이후 1890년 제국헌법 제정 과정에서 천황의 통수권을 명시함으로써 제도화되었고, 군부는 내각이나 입법부의 통제를 받지 않는 독립된 권력으로 성장했다.

> ⟨군인칙유⟩ 원문
> 1. 충성과 절의는 인간의 기본이며, 특히 군인은 그 직업의 특성상 충성과 절의를 가장 중요시해야 한다. 항상 천황의 은혜에 보답하고, 가문의 명예와 자신의 이름을 드높이며, 세상의 모범이 되어야 한다.
> 2. 예절을 바르게 하는 것은 군인의 기본 의무이다. 상관과 접할 때나 동료와 교류할 때, 말 한마디 행동 하나까지도 예의와 절도를 지켜야 한다.
> 3. 용기를 기르고, 항상 진취적인 기상을 발휘하며, 상황에 따라 유연하게 대응하는 능력을 연마하여, 직무를 완수해야 한다.
> 4. 검소함을 본받고, 사치를 경계하며, 항상 자기 절제의 정신을 가지고 품행을 바르게 하며, 신의를 중시하여 신망을 얻어야 한다.
> 5. 학문에 힘쓰고, 식견을 높이며, 항상 지식의 수양을 게을리하지 않아, 직무의 수행에 도움이 되도록 해야 한다.

결과적으로 군인칙유는 일본의 군국주의 국가 체제가 형성되는 데 결정적인 이념적 기반을 제공했다. 이 문서는 단지 군인 윤리나 규율을 넘어서, 청일전쟁, 러일전쟁, 태평양전쟁으로 이어지는 군사 팽창주의의 정신적 토대가 되었으며, 전쟁을 '천황에 대한 충성과 국가의 도리'로 정당화하는 효과를 낳았다.

군인칙유는 메이지 정부가 군대를 단순한 국방 기구가 아닌, 국민 정신을 규율하는 도덕 공동체로 설정하고자 했던 철학의 결정체였다. 이 문서를 통해 일본은 군대 조직뿐 아니라 국민 전체를 이념적으로 군사화했고, 교육과 통치를 통해 전 국민적 동원의 체제를 구축해나갔다. 이는 결국 일본이 제국으로 확장해나가는 데 있어 정신적·제도적 기반이 되었고, 동시에 훗날 파멸적 전쟁으로 이어지는 군국주의 이념의 출발섬이 되었다.

5 <대일본 제국헌법>

메이지 정부가 추진한 근대화의 완성은 일본 역사상 최초의 근대 헌법인 『대일본 제국헌법』의 제정과 반포로 귀결되었다. 유신 직후부터 메이지 지도부는 헌법 제정을 국가 체제의 제도적 기초로 간주하고, 이를 중대한 과제로 설정했다. 1868년의 〈5개조 서약문〉은 새로운 통치 이념을 제시한 선언문이었으며, 이후의 각종 법률 정비와 정치 조직 개편은 모두 헌정 제정으로 나아가기 위한 기반을 마련하는 작업이었다.

헌법 제정은 이토 히로부미가 이끄는 헌법 조사단이 1882년부터 1883년까지 유럽 각국을 시찰하면서 본격적으로 추진되었다. 그는 처음에 영국의 의원내각제나 미국식 연방제 등 서구의 다양한 헌법 모델을 비교 검토했으나, 일본의 역사적 전통과 천황제에 부합하지 않는다고 판단하고 이를 배제했다. 대신, 강력한 군주권을 인정하면서도 형식상 입헌 제도를 갖춘 프로이센 헌법을 일본 헌정의 모범으로 삼았다.

귀국한 이토는 헌정 체제의 핵심을 '권력 분립'이 아니라 '권위의 정당화'로 보았고, 이에 따라 "천황이 백성에게 은혜로 내려주는 헌법"이라는 '천황의 은혜에 의한 헌정'이라는 특유의 헌법 철학을 정립했다. 이 사상을 바탕으로 1889년 2월 11일, 일본의 건국 기념일(기원절)에 『대일본 제국헌법』이 메이지 천황의 이름으로 반포되었다. 이는 명실상부한 일본 최초의 근대 헌법이자, 천황 중심의 입헌 군주국 체제를 제도화한 역사적 사건이었다.

> 〈제국헌법 전문(천황 칙어)〉
> 짐은 생각하건대, 우리 황조황종(皇祖皇宗)께서 나라를 세우신 것은 원대하고, 덕을 세우신 것은 심후하다. 우리 신민들이 충성과 효도를 다하고, 억조의 마음을 하나로 하여 대대로 그 아름다움을 이룩한 것은, 이것이 바로 우리 국체(國體)의 정화(精華)이며, 교육의 근원도 실로 여기에 있다.

이 헌법은 총 76개 조항으로 구성되었으며, '천황 주권주의'라는 정치 철학을 중심에 두었다. 전문(前文)에는 헌법이 일본의 전통과 문명을 조화시키는 도구임을 밝히면서, 국민의 권리를 보장하는 동시에 국가 질서를 유지하는 수단임을 천명했다. 실질적으로는 입법·사법·행정·군사권을 모두 천황이 장악하는 전제 군주 체제의 법적 기초를 확립하였다.

헌법 제1조는 "대일본제국은 만세일계(萬世一系)의 천황이 이를 통치한다"고 규정했고, 제4조는 "천황은 육해군을 통수한다"고 명시했다. 천황은 단순한 국가 원수가 아니라, 군대와 행정, 입법, 사법을 총괄하는 전능한 주권자로 설정되었다. 이러한 규정은 군부가 이후 내각과 의회의 통제를 벗어나 '천황 직속'을 명분으로 독자적으로 권력을 행사하는 제도적 근거가 되었다.

입법부로는 귀족원과 중의원으로 구성된 양원제 제국의회가 설치되었다. 그러나 실질적으로는 국민의 정치 참여가 제한된 형태였다. 귀족원은 황족과 세습 귀족, 그리고 천황이 임명하는 인사들로 구성되었고, 중의원조차 고액 납세자를 중심으로 한 제한 선거로 구성되었기 때문에 일반 민중의 정치적 대표성은 극히 낮았다. 법률은 의회를 거쳐 제정되지만, 천황은 의회 동의 없이도 칙령을 통해 법률을 시행할 수 있었고, 예산안은 정부가 독점적으로 편성했다.

행정부 역시 의회에 책임지지 않는 체제로 구성되었다. 총리대신과 국무대신들은 천황에게만 책임을 지며, 의회에 대해 정치적 책임을 지지 않는 구조였다. 내각불신임제는 존재하지 않았고, 총리는 단지 대신들 사이를 조정하는 역할에 그쳤다. 이는 정당정치의 성장을 억제하고, 관료 중심의 권위주의 통치를 가능하게 만든 배경이 되었다.

이처럼 『대일본 제국헌법』은 형식적으로는 입헌군주제를 표방했으나, 실질적으로는 전제주의 체제에 가까운 성격을 지녔다. 천황의 권한은 군사·외교·입법·사법에 이르기까지 무제한적으로 설정되었고, 국민은 주권을 가진 시민이 아니라, '신민(臣民)'으로서 통치 대상에 머물렀다. 기본권 보장은 존재했으나 대부분 "법률에 따라 제한될 수 있다"고 규정되어 있었으며, 실질적 자유는 천황의 재량하에 놓여 있었다.

이러한 이중 구조 – 전제주의적 실질과 입헌주의적 외형 – 는 일본이 헌법 개정 없이도 1930년대 군국주의 체제와 침략 전쟁으로 돌입할 수 있었던 근거가 되었다. 즉, 헌법 자체에 군사주의적 권력 집중과 국민 통제를 허용하는 조항들이 제도적으로 구조화되어 있었다.

『대일본 제국헌법』은 일본이 전통, 서구, 제국주의를 절충하여 독자적인 근대국가 모델을 구축하고자 했던 결과물이었다. 유교적 충성과 공동체 윤리, 서구의 법치주의와 과학기술, 국민교육과 국방의 일체화는 이 헌법을 통해 통합되었고, 일본은 이를 바탕으로 '제국'으로 도약하는 정치·제도적 기반을 마련했다.

하지만 동시에 이 헌법은 천황 중심 절대주의, 군부의 정치적 자율성, 정당정치의 억제, 국민 자유의 제약 등 군국주의적 경향을 제도적으로 내포하고 있었으며, 이는 일본이 아시아 침략과 파시즘으로 나아가는 출발점이 되었다.

결론적으로 『대일본 제국헌법』은 일본 근대국가 체제를 완성시킨 역사적 문서이자, 그 이면에 군사력과 권위주의를 제도화한 제국주의 국가 설계도였다. 그것은 일본이 '근대'를 어떻게 수용하고 변용했는지를 보여주는 상징이자, 근대화의 명과 암을 함께 내포한 일본 정치사 최대의 이중 구조적 유산이었다.

천황의 신격화와 국가신도화

메이지 시대의 국가신도화(國家神道化)와 제정일치(祭政一致) 정책은 일본이 근대국가로 전환하는 과정에서 천황 중심의 정체성을 확립하고 국민을 통합하기 위해 종교를 국가의 정치 이념으로 전환한 역사적 시도였다. 이 정책은 전통 신도(神道)를 단순한 신앙이 아닌 국가 통치의 중심 원리로 재구성하고, 정치와 종교가 하나로 결합된 제정일치 체제를 구축하는 방향으로 전개되었다.

정책의 첫 단계는 1868년 공포된 신불분리령(神仏分離令)이었다. 이는 신도와 불교가 수백 년간 융합되어 있던 신불

습합 전통을 강제로 해체한 조치로, 그 결과 전국적으로 불상이 파괴되고 사찰이 불태워지는 이른바 폐불훼석(廃仏毀釈) 사태가 발생하였다. 이러한 조치는 단순한 종교개혁이 아니라, 신도를 천황 중심의 국가 종교 체계로 전환하고 불교를 정치권력에서 배제하려는 의도에 따른 것이었다.

이어 정부는 전국의 신사를 국가가 직접 통제하기 위해 관폐사(官幣社), 국폐사(国幣社) 등의 제도를 도입하고, 신사를 국가 의례를 수행하는 기관으로 재편하였다. 대표적인 예가 이세 신궁(伊勢神宮)으로, 이 신사는 아마테라스 오미카미를 모시는 장소로서, 천황의 신성성과 직결되는 국가 이념의 상징이 되었다. 이처럼 신사는 더 이상 지역 공동체의 신앙 대상이 아닌, 국가 이념을 상징하는 공적 기관이 되었으며, 신사 참배는 국민의 종교적 선택이 아닌 국가 의례로 강제되기 시작했다.

1872년에는 교부성(教部省)이 설립되어 신도의 교리를 전국에 전파하는 역할을 맡았다. 교부성은 교도사(教導師)를 통해 '대교선포(大教宣布)'를 실시하며 국민에게 충군애국(忠君愛國)과 효친지의(孝親之義) 등의 덕목을 가르쳤고, 이는 곧 국민 교화와 정신통일의 수단으로 작동했다. 이러한 노력은 1890년 반포된 교육칙어(教育勅語)를 통해 절정에 이르렀다. 교육칙어는 유교적 덕목을 바탕으로 천황에 대한 충성과 복종을 강조하면서 교육을 통한 국가 이념의 내면화를 유도하였다.

교육 현장에서는 신사참배와 함께 천황의 사진인 어진(御眞影)에 대한 경례가 일상화되었고, 이는 어린 시절부터 국민이 천황에 대한 절대 충성을 체화하게 만들었다. 체화란 몸과 행동, 감정, 무의식속에까지 스며들게 하여 자연스럽게 실천하는 상태로 만드는 것을 의미한다. 당시 정부는 이러한 신사참배나 제례 의식을 종교행위가 아니라 '국가 예절'로 정의하면서, 헌법상 보장된 종교의 자유와의 충돌을 피하려 했다. 이와 같은 논리 아래, 정부는 신도를 종교가 아닌 도덕과 국민 의무의 체계로 규정하였고, 사실상 종교를 국가에 예속시킨 제정일치 체제를 완성하게 된다.

이러한 정책의 사상적 배경에는 국학자 모토오리 노리나가(本居宣長)가 자리하고 있었다. 그는 일본 고유의 정신과 언어, 그리고 아마테라스를 중심으로 한 신화 체계를 정립하며 천황 중심의 국가 정체성에 이론적 근거를 제공하였다. 정치적으로는 이와쿠라 도모미(岩倉具視)가 중심이 되어 국가신도화 정책을 설계하고 실행에 옮겼으며, 메이지 유신 이후 천황 중심의 국민국가 형성을 위한 사상적 기틀을 마련하는 데 큰 역할을 하였다.

한편, 이러한 제정일치 체제는 일본 본토에만 국한되지 않고, 조선과 타이완 등 식민지에도 확산되었다. 식민지 주민에게도 신사참배를 강요하면서 국가신도는 일본 제국주의의 사상적 도구로 활용되었고, 이는 민족 정체성과 종교 자유를 침해하는 결과를 초래했다.

제2차 세계대전이 끝난 후, 연합군(GHQ)은 1945년 '신도지령(Shinto Directive)'을 통해 국가신도 체제를 공식적으로 해체하였다. 신사는 종교기관으로 다시 규정되었으며, 종교의 자유와 정교분리는 1947년 제정된 일본국 헌법 제20조에 명문화되었다. 이로써 메이지 이래 유지되어 온 국가신도와 제정일치 체제는 역사 속으로 퇴장했다.

결론적으로, 메이지 시대의 국가신도화와 제정일치 정책은 천황을 신성한 존재로 상정하고, 이를 중심으로 국민을 정치·종교적으로 통합하려 했던 일본 근대국가의 핵심 기획이었다. 이는 초기에는 근대화와 국민 통합에 기여했지만, 점차 사상 통제, 종교 억압, 군국주의 강화로 이어지면서 일본 제국의 침략주의를 정당화하는 사상적 기초가 되었고, 전후 일본 사회에 깊은 반성과 교훈을 남기게 되었다.

제5장

유신의 정치적 리더들
: 누가 역사를 어떻게 움직였나

1. 다카스키 신사쿠
2. 사카모토 료마
3. 기도 다카요시
4. 사이고 다카모리
5. 오쿠보 도시미치
6. 시마즈 나리아키라
7. 요코이 쇼난
8. 에노모토 다케아키
9. 후쿠자와 유키치
10. 토마스 블레이크 글로버
11. 이토 히로부미

1 다카스키 신사쿠(高杉晋作, 1839~1867, 28세)

다카스키 신사쿠(高杉晋作)는 조슈번 출신의 사무라이로, 막부 말기 일본 사회의 전환기에 급진적 개혁과 사상적 실천을 이끈 대표적인 혁신가였다. 그는 1839년 조슈번의 하급 무사 가문에서 태어났으며, 젊은 시절부터 존왕양이(尊王攘夷) 사상에 심취해 민족적 위기의식을 강하게 품었다.

쇼카손주쿠(松下村塾) 요시다 쇼인의 문하에서 수학하며, 근대국가 건설에 대한 이상을 키워갔다.

공산사의 다카스키 신사쿠 동상

그의 사상과 실천은 메이지 유신의 정신적·조직적 기초를 형성하는 데 결정적인 영향을 끼쳤다. 다카스키의 사상은 두 가지로 요약된다. 첫째, 그는 일본의 자주 독립을 수호하기 위해 서구의 과학기술과 군제 개혁을 적극적으로 수용해야 한다고 보았다. 둘째, 전통적인 무사 계급에 한정되지 않는 참여형 정치 체제의 가능성을 탐색했으며, 이는 계급을 초월한 새로운 국민 주체 형성의 이상을 담고 있었다.

이러한 구상은 1863년 그가 창설한 기병대(奇兵隊)에 집약되었다. 기병대는

회천의거비

농민, 상인, 하급 무사 등 신분을 불문하고 구성된 최초의 근대 민병 조직으로, 이후 메이지 정부가 도입한 징병제의 전신이 되었다. 다카스키는 "스스로 분발하여 만국의 병제를 배우고, 이를 바탕으로 국가를 보전하라"고 강조하며, 민중이 스스로 무장하고 국가의 주체로 나아가야 한다는 실천적 이념을 천명했다.

그의 사상적 핵심은 '회천(回天)'이라는 용어에 잘 드러난다. 이는 "하늘(운명과 정세)을 돌이킨다"는 뜻으로, 1864년경 동

지들과 주고받은 서신과 발언에 자주 등장한다. '지금이야 말로 천하(국가)의 운명을 돌려야 할 때'라는 의미로 부패한 체제를 타파하고 천명을 바로 잡는다는 급진적 정치혁신론이었다.

회천의 어원은 『맹자』의 양혜왕 하편에 '천명(天命)이 하늘의 뜻이자 민심이며, 부패한 정권은 천명을 잃고 혁명으로 교체될 수 있다'고 한데서 유래했고, 그는 "한 사람의 회천은 만백성의 용기를 북돋운다"는 말로, 소수의 결단이 역사의 방향을 바꿀 수 있다는 실천주의적 역사관을 설파했다. 이러한 회천론은 단순한 정권 교체를 넘어, 일본 사회의 구조적 전환을 추구한 정치·사회 개혁론이었다.

1862년 그는 막부의 명령으로 중국 상하이를 시찰하면서 아편전쟁 이후 청나라의 참혹한 현실을 직접 목도하고 충격을 받는다. 이를 통해 그는 외세에 대해 문을 걸어 잠그는 폐쇄적 양이(攘夷)가 아니라, 서양의 제도와 기술을 능동적으로 수용하여 국가를 근대화해야 한다는 방향으로 사상을 전환했다. 귀국 이후 시모노세키 전쟁을 계기로 기병대를 조직했고, 이는 조슈번 내 계급 질서를 뛰어넘는 실질적 군사 개혁의 시발점이 되었다.

1865년, 막부의 제1차 조슈 정벌로 조슈 내 존왕양이 쇄국파가 숙청되자, 다카스키는 실권을 장악하고 근대화를 위한 개혁을 본격화했다. 이를 통해 그는 무력 혁명을 정치 개혁의 도구로 전환시켰으며, 이는 메이지 유신이라는 대변혁의 실질적 기초가 되었다.

다카스키는 요시다 쇼인의 정치사상을 현실에서 실천한 대표자였다. 쇼인의 '실천적 양이' 사상을 군사 조직, 교육, 정치 연합으로 구현했으며, 사카모토 료마 등과 교류를 통해 전국적인 연합 정치 구상도 포기하지 않았다. 폐결핵으로 생을 마감하기 직전까지 그는 "내가 죽더라도 조슈와 일본은 앞으로 나아가야 한다"며, 유신운동의 지속과 미래를 끝까지 당부했다.

그는 비록 1867년, 28세의 젊은 나이에 요절했지만, 그의 사상과 실천은 기도 다카요시, 오쿠보 도시미치, 이토 히로부미 등 후속 유신 지도자들의 정책에 깊은 영향을 끼쳤다. 다카스키의 삶은 "근대 일본은 하급 무사와 민중의 힘으로 이루어졌다"는 메이지 유신의 신화를 상징하는 인물로 자리매김했으며, 그의 정신은 이후에도 일본의 정치와 사상에 깊이 각인되었다.

21세기에 들어서도 다카스키 신사쿠는 여전히 일본 정치인들에게 영감을 주는 인물로 남아 있다. 특히 제2차 아베 신조 내각 시기, 아베 총리는 다카스키를 자신이 가장 존경하는 역사 인물로 꼽으며 "그는 실천과 결단의 정치가였고,

일본을 미래로 이끈 선구자였다"고 평했다. 그래서 아베 신조(安倍晋三)의 이름에 신(晋) 자를 넣어 이름을 지었다는 일화도 전해진다. 이는 다카스키의 사상이 단지 역사 속 인물이 아니라, 현재 일본 사회와 정치 담론에서도 여전히 의미 있는 상징임을 보여주는 사례라 할 수 있다.

결론적으로, 다카스키 신사쿠는 메이지 유신이라는 역사적 대전환을 준비한 사상가이자 실천가였으며, 그의 혁신적 구상은 일본 근대국가 건설의 정신적·제도적 기초를 마련한 중요한 기반이 되었다. 그는 유신의 불꽃을 당긴 첫 횃불이었고, 그 짧은 생애는 곧 일본이 나아갈 국가의 방향을 결정지은 기념비적인 여정이었다.

2 사카모토 료마(坂本龍馬, 1836~1867, 31세)

사카모토 료마(坂本龍馬)는 도사번(현 고치현) 출신의 하급 무사였으나, 전통적 무사 계급의 틀을 뛰어넘어 정치·경제·외교를 아우른 일본 근대국가의 비전을 제시한 선구자였다. 1836년 도사의 하급 무사 가문에서 태어나 에도에서 검술과 학문을 수련하며, 쇄국과 존왕양이 사상에 심취했으나 이후 개국파로 전환하면서 개방과 근대화의 길을 적극적으로 모색했다.

사카모토 료마

그의 사상과 실천은 철저히 '일본형 근대'라는 관점에서 전개되었다. 단순히 서양을 모방하는 것이 아니라, 일본의 현실에 맞춘 제도 개혁과 국가 재편을 꾀했다. 그는 특히 상업과 정치, 해운과 외교를 통합적으로 사고하며, 무사로서는 이례적으로 기업 활동과 실무 정치에 깊이 관여했다.

1862년 가츠 가이슈를 만나 스승과 제자의 관계를 맺고, 가츠로부터 서양문물과 해군지식을 전수했고, 1865년 나가사키에서 설립한 가메야마사추(龜山社中)는 일본 최초의 상사이자 사설 해군 조직으로, 사쓰마번의 지원을 받아 만들어진 상업조합이자 무역회사였다. 료마와 약 20명의 동지들이 참여했으며, 무기와 군함 등 군수품을 외국에서 들여와 사쓰마번과 조슈번 등 반막부 세력에 공급하여, 사쓰마와 조슈 등 주요 번 사이의 협력과 동맹 성사에 기여했다.

가메야마사추는 이후 해원대(海援隊)로 개칭하고 일본 근대화와 메이지 유신의 중요한 기반을 만들어 갔다.

사카모토 료마의 정치적 업적 중 가장 중대한 것은 '삿초동맹'의 중재였다. 1866년 그는 사이고 다카모리와 함께 정적이던 사쓰마번과 조슈번을 비밀리에 연결하여 동맹을 성사시켰고, 이는 유신 성공의 전환점이 되었다. 서로 불신하던 양대 세력을 설득해 외교적 연합을 이끌어 낸 료마의 정치 감각은 일본 정계 내에서 누구도 예측하지 못한 중재자의 면모를 보여준다.

나아가, 1867년, 그는 도쿠가와 요시노부가 대정봉환을 실현하는 데 결정적 역할을 했다. 료마는 유혈혁명을 배제하고, 정권을 평화롭게 천황에게 이양하는 것을 목표로 삼았으며, 이는 결국 막부의 자발적 퇴장을 이끌어내는 역사적인 결과로 이어졌다. 사카모토 료마 자신에게 비록 실권은 없었으나, 그는 유신 성공의 촉진자이자 설계자 역할을 충실히 수행했다.

료마의 가장 상징적인 정책 중 하나는 '선중팔책(船中八策)'의 작성이다. 1867년, 그는 도사번을 통해 쇼군 도쿠가와 요시노부에게 정권 이양을 설득하던 중, 교토로 가는 배 안에서 정치개혁안을 구상했다. 이 문건은 입헌군주제 도입, 의회 설립, 신분제 철폐, 자유무역 촉진, 근대 군제 창설, 화폐 제도 정비 등 메이지 유신 이후의 국가 운영 원칙을 담고 있었고, 이후 메이지 정부의 국가 정책으로 구체화되었다.

그러나 같은 해 12월, 대정봉환을 한달여 앞두고, 교토 오미야 여관에서 신원불명의 자객에 의해 암살당하며 생을 마감했다. 그의 죽음은 유신 완수를 눈앞에 둔 시점에서 벌어진 비극이었으며, 일본 전역에서 큰 충격과 애도를 불러일으켰다. 이후 그는 '근대 일본의 꿈을 설계한 사람'으로 추앙받는다.

사카모토 료마의 삶에서 또 하나 중요한 인물은 그의 아내, 오료(お龍, 본명은 나루세 료, 鳴瀨龍)였다.

료마공원에 세워진 료마부부

오료는 교토에서 의사의 딸로 태어났으나 가세가 빈곤해 교토의 유명사찰인 고다이지[高台寺] 근처의 여관에서 종업원으로 일을 하던 중, 료마와 알고 지내다가 료마가 데라다야[寺田屋] 사건으로 자객에게 습격당했을 때 그를 구한 인연으로 부부의 연을 맺었다. 정식 결혼을 하지는 않았지만, 료마가 치료를 위해 그녀와 함께 가고시마의 기리시마 시오히타시 온천[塩浸温泉]으로 여행했다. 예로부터 두루미가 온천에서 상처를 치유했다는 데서 '쓰루노유(두루미온천)'라고 불리며 상처치료에 효능이 있다고 전해 온다. 료마는 사이고 다카모리의 소개로 온천에서 상처를 치유하면서 기리시마 절경을 만끽하며 료와 함께 소중한 시간을 보냈다. 일본에서는 이 여행을 일본 최초의 '신혼여행'이라고 한다. 2010년에 입욕

료마가 만난 사람들 료마공원내 자료관

시설과 자료관이 병설되어 현재는 '시오히타시 온천 료마공원'으로 조성되어 있다.

공원에는 '근대 일본의 초석을 다진 료마 연고지'로 '사카모토료마·료의 신혼여행 기념비'가 세워져 있고, '료마자료관 고노요노소토[この世の外]'를 둘러볼 만하다. 이 명칭은 료마가 누나 오토메에게 보낸 편지에 '실로 이 세상 밖(この世の外)으로 여겨질 만큼 멋진 곳입니다'라고 기리시마를 절찬하는 글귀에서 인용했다. '료마와 료의 인연 맺기 족탕'도 이용할 만하다.

사카모토 료마는 평소, "일본을 이대로 두어선 안 된다. 바다를 나가 세계를 봐야 한다", "나는 일본인으로서 가장 먼저 세계인이 되고 싶다"는 말을 남기며, 일본의 세계화를 주장했다. 〈선중팔책〉에서 그는 "신분을 타파하고, 백성에게 공직의 길을 열며, 국법을 정해 모두가 지키게 한다"고 언급하며, 당시로서는 파격적인 시민 참여와 법치주의를 제안했다.

결론적으로, 사카모토 료마는 신분 질서와 폐쇄적 정치 질서를 넘어서, 일본 사회를 국제적 시야와 실용주의, 그리고 자유주의 정신으로 이끌고자 했던 비전가였다. 정치의 중재자, 경제 개혁의 실천가, 국제화의 선구자, 그리고 평등한 부부 관계를 실천한 인간으로서, 그는 일본 근대의 상징이자 영원한 '자유인의 모델'로 자리 잡았다.

21세기 일본에서도 그의 이름은 여전히 살아 있다. 소프트뱅크 회장 손정의는 료마를 가장 존경하는 역사 인물로 꼽으며 "그는 자신의 신분도, 안위도 초월하여 전체를 본 인물"이라 평가했다. 일본 내에서 료마는 단지 역사의 인물이 아니라, 시대를 넘어 정치적 상상력과 실천의 상징으로 기능하고 있다.

2010년 일본 NHK에서 48회에 걸쳐 대하역사드라마 '료마전'을 방송했는데, 드라마이기는 하지만, 메이지 유신의 과정을 이해하는 데 도움이 된다. 한번 권하고 싶다.

3   기도 다카요시(木戸孝允, 1833~1877, 44세)

기도 다카요시(木戸孝允)는 조슈번 하기 출신의 무사이자 정치가로, 메이지 유신을 이끈 핵심 인물 가운데 한 사람이다. 그는 '유신 삼걸(三傑)'로 불리는 사이고 다카모리, 오쿠보 도시미치와 함께 메이지 정부 수립의 주역으로 활약했다. 본래 이름은 와타 쇼인(和田昌允)이었고, 가쓰라 고고로(桂小五郞)를 거쳐, 유신 이후 '기도 다카요시'라는 이름으로 개명했다.

기도 다카요시

요시다 쇼인의 제자로서 젊은 시절부터 개혁 사상에 심취했으며, 조슈번 내 정치개혁을 주도한 인물이다. 특히 사카모토 료마와 함께 사쓰마번과의 동맹, 즉 '삿초 동맹'을 실질적으로 성사시킨 주역이다. 메이지 유신 이후에는 정권의 중추에 참여해 교육정책, 입헌정치 구상, 제도 개혁 등 국가 운영의 근간을 설계하는 역할을 수행했다.

기도는 처음에는 존왕양이 사상을 따랐으나, 점차 현실적이고 실용적인 개국·개화 노선으로 방향을 선회했다. 그는 일본이 근대국가로 성장하기 위해서는 봉건적 신분제를 타파하고, 중앙집권 체제를 강화하며, 무엇보다 교육을 통해 국민 의식을 일신해야 한다고 보았다. 특히 그는 '입헌군주제'의 필요성을 누구보다 먼저 인식하고, 후일 헌법 제정의 방향을 제시한 이념적 선구자였다.

그의 정치사상은 율치주의(법과 제도에 의한 통치)와 유학적 도덕 정치의 조화를 추구하는 형태였다. 도덕적 지도력과 제도적 장치의 균형을 중시한 그는, 유신 이후에도 권력 집중보다는 제도화와 합리화를 추구했다. 이러한 태도는 같은 시기 활동했던 실용주의자 후쿠자와 유키치와는 또 다른 방향의 개혁 정신을 보여준다.

기도 다카요시의 삶에서 주목할 만한 사건과 업적은 다음과 같다.

이케다야 사건 회피(1864) : 막부 타도를 기도하던 존왕양이파의 계획이 발각되어 교토 이케다야에서 충돌이 벌어졌을 때, 기도는 거사 직전 현장을 빠져나와 생명을 건졌다. 이후 그는 조슈번의 정변을 계기로 정치 실권을 장악하며 유신 참여의 전기를 마련했다.

삿초 동맹의 실질 추진자 : 사카모토 료마가 사쓰마와 조슈를 연결하는 중재자 역할을 했다면, 기도는 조슈 내부의 실무 책임자로서 동맹을 조율하고 조정했다. 그는 사이고 다카모리, 오쿠보 도시미치와 교섭하며 신뢰를 구축했고, 유신 세력의 연합을 제도적으로 성사시켰다.

유신 이후의 제도 설계자 : 메이지 정부 수립 후에는 참의·좌대신 등의 관직을 맡아 '폐번치현', '무사 계급 폐지', '교육령 제정' 등의 정책을 이끌었다. 그는 이른 시기부터 교육을 근대국가 형성의 초석으로 인식하고, 전국민 대상 교육 체계를 정립하는 데 결정적 기여를 했다.

이와쿠라 사절단과 서양 견문록 : 1871년에는 이와쿠라 사절단의 일원으로 미국과 유럽 각국을 시찰했다. 그는 서양의 법치, 교육, 산업 시스템에 깊은 감명을 받았고, 귀국 후에는 "교육은 백년지대계"라는 인식을 바탕으로 국민교육의 필요성을 강조했다. 이 사절단의 시찰 결과는 『미구회람실기』로 정리되었으며, 이 문서에는 기도의 메모와 사상적 통찰이 담겨 있다.

입헌정치에 대한 유언과 영향 : 생을 마감하기 전, 일본은 반드시 입헌 체제를 갖추어야 하며, 천황 중심의 입헌군주제를 수립해야 한다고 유언했다. 이는 이후 이토 히로부미가 헌법 제정에 나설 때 사상적 지침이 되었고, 메이지 헌법의 정신적 기초를 구축했다고 평가된다.

그가 남긴 어록 가운데 "백성을 위하고, 나라를 바르게 세우는 것이 진정한 정치다"는 말은 그의 정치 철학을 압축적으로 보여준다. 또 서양 시찰 중 "나는 군주의 신하가 아니라 국가의 구성원이다"라고 밝힌 발언은 근대 시민의식을 내포한 통찰로, 당시로선 매우 선진적인 인식이었다.

1874년(메이지 7년), 사이고 다카모리와 함께 타이완 출병 문제로 갈등을 겪은 뒤 정부 내 온건파로 입장을 견지하며 정치에서 물러났다. 이후 폐병과 간질환으로 건강이 급격히 악화되었으며, 1877년 5월 26일 교토에서 사망했다. 생가는 하기시 죠카마치에 지금도 남아있고, 묘소는 교토시 히가시야마의 다이코쿠지(大谷本廟) 근처에 있다. 교토 고쇼(京都御所) 부근에 기도 다카요시, 사이고 다카모리, 오쿠보 도시미치 3인을 기리는 유신 삼걸 동상이 세워져 있으며, 야마구치 시에 있는 〈메이지 유신 기념관〉에는 기도 다카요시의 초상화, 문서, 유품 등이 전시되어 있다.

또한 유신 3걸과 그들의 활동에 관해서는, 가고시마 중앙역에서 8분 거리에 위치한 〈유신후루사토관〉의 하이테크 갤러리에 잘 전시되어 있다. 유신후루사토관은 지상 1층

유신후루사토관

과 지하1층으로 구성되어 있으며, 다양한 전시물과 함께 유신3걸을 비롯해 근대 일본을 구축한 인물들에 대한 상세한 정보를 제공하고 있다.

'유쿠사 오사이자시타(가고시마 사투리로 '잘 오셨습니다')길' 부터 시작되는 관람 코스는 사쓰마번의 독자적인 교육 방법인 '향중교육'을 소개하고, '세계를 내다 본 사쓰마' 코너에서는 일본의 남쪽인 사쓰마가 류큐를 통한 중국 무역 등으로 다른 번보 다 앞서 서양의 새로운 기술과 문화를 도입한 과정을 바닥의 지도와 영상으로 소개하고 있다. 이어서 사쓰마의 위인, 영웅 열전에서는 메이지 유신 때 활약한 사쓰마의 인물들을 소개하고 있다.

특히 유신 체감홀에서는 '사쓰마 스튜던트, 서쪽으로'(18

분)라는 영상을 상영하는데, 사쓰마번이 쇄국시대임에도 발 빠르게 해외로 눈을 돌려 영국에 유학생을 파견했던 상황을 다이내믹 하게 드라마로 재연하고 있다.

4 사이고 다카모리(西郷隆盛, 1828~1877, 49세)

사이고 다카모리(西郷隆盛)는 사쓰마번 출신의 무사이자 정치가로, 메이지 유신을 주도한 '유신 삼걸(維新三傑)' 중 한 명이며, 일본 근대사에서 가장 극적인 삶을 산 인물로 평가된다. 본명은 사이고 기치노스케(西郷吉之助)로, 온화하면서도 도량이 큰 인물로 사쓰마 내에서는 깊은 신망을 얻었다.

사이고 다카모리

그는 막부 말기부터 번의 정치개혁에 참여하며, 존왕양이 사상을 바탕으로 외세 배척과 천황 중심의 정치를 주장했다. 이후 메이지 정부 수립 과정에서는 조슈번과의 '삿초 동맹' 성립, 대정봉환, 도바-후시미 전투 등을 이끄는 핵심 인물로 활약하며 신정부 탄생에 결정적인 역할을 했다. 그러나 유신 이후의 급격한 근대화 정책과 중앙집권화 흐름에 반발하여, 결국 1877년 세이난 전쟁(西南戰爭)을 일으키고 자결함으로써 격동의 시대를 마무리했다.

초기의 사이고는 외세에 강경한 태도를 취하는 존왕양이파였으나, 점차 현실적 개혁 정책에 참여하면서 유신의 동력으로 전환했다. 그는 도덕과 충의를 중시하는 성리학적 무사도를 삶의 철학으로 삼았고, '도리'에 근거한 정치를 추구했다. 그의 정치관은 백성과 국가의 도리를 실현하는 데 있었다.

그러나 메이지 정부가 추진한 급속한 서구화와 중앙집권적 행정은 지방 무사와 농민 계층의 이해를 반영하지 못했다. 사이고는 특히 이러한 변화 속에서 소외되는 하층 계급의 고통을 외면할 수 없었고, 조선 정벌을 둘러싼 '정한론(征韓論)' 논쟁에서 참의직을 사퇴하고 사쓰마로 돌아갔다. 그는 사학교를 설립하여 무사와 농민 자제들에게 학문과 무예를 가르치며, 지역 중심의 자위적 군사 조직을 육성하고자 했다. 이는 중앙집권적 국가 모델에 대한 지방 자치의 대안적 실험이었다.

사이고 다카모리의 생애에서 주목할 만한 사건은 다음과 같다.

삿초 동맹 주도(1866) : 사카모토 료마의 중재로 조슈와 사쓰마가 손을 잡는 데 동의하고, 군사적 협력과 정치연대를 실질적으로 이끌었다. 유신 세력의 연합이라는 기틀을 마련한 주역이었다.

도쿠가와 정권 붕괴 과정의 조정자(1867~68) : 대정봉환 직후, 구 막부 세력의 반격을 우려한 사이고는 유신군의 총사령관으로 도바-후시미 전투를 지휘하며 결정적인 군사적 승리를 거두었다. 이는 메이지 정부의 정통성을 군사적으로 뒷받침한 중대한 전환점이었다.

정한론 논쟁과 하야(1873) : 정권 내 최고위직인 참의에 올랐으나, 조선에 국교를 열자는 자신의 건의가 기각되자 정부에 불만을 품고 하야했다. 그는 조선 사절로 자신이 직접 가겠다고 했지만, 정부는 무력 충돌을 우려해 이를 거절했다.

사쓰마 사학교 설립과 자치 실험(1874~1876) : 고향 가고시마로 돌아간 사이고는 사학교를 설립하고 지역 자치 모델을 실험했다. 이는 무력 혁명보다는 교육과 훈련을 통한 민중 계몽의 길을 선택한 것으로 볼 수 있다.

세이난 전쟁과 최후(1877): 메이지 정부의 무사 해체, 세금 개혁 등과 관련하여 하층 무사들의 불만이 폭발하자, 사이고는 그들의 지도자로 다시 전면에 나섰다. 그는 정부군과의 전면전에 나섰으나 열세 속에 고전했고, 시로야마에서 자결하며 생을 마쳤다. 그는 끝까지 천황에 대한 충성은 유지했으며, 자신의 반란을 '의로운 정치적 행위'로 남기고자 했다.

사이고 다카모리 탄생지

　그가 남긴 말 중 "목숨을 버릴지언정, 의리는 버릴 수 없다.", "나는 충군이되 충신은 아니다.", "강자가 옳은 것이 아니라, 옳은 자가 강한 것이다."는 그의 무사정신을 잘 드러낸다. 사이고는 비록 반란자로 최후를 맞이했지만, 일본인들은 그를 '의로운 무사', '라스트 사무라이'로 기억하고 있다.

　근대 일본의 문인 나쓰메 소세키, 사상가 도쿠토미 소호 등은 그의 삶을 예찬했으며, 2008년 NHK 대하드라마『아츠히메』, 2018년『세고돈』등에서도 주인공으로 등장하면서 대중적 인지도를 더했다.

　정치적으로 사이고는 보수적 우익 진영에서는 '유신 정신의 순수한 화신'으로 추앙받고, 그의 도덕적 리더십과 무

사이고 난슈 현창관

사정신은 현재까지도 일본 정치와 군사 문화에 일정한 영향을 미치고 있다. 또한 급진적인 근대화에 대한 견제, 지역 균형과 자치의 중시 등은 현대 일본 정치사상 속에서 지역주의와 균형발전론의 기원으로도 재조명된다.

사이고 다카모리의 삶은 메이지 유신이라는 시대의 이상과 현실, 그리고 그 한계를 집약한 드라마였다. 유신의 설계자였지만, 유신에서 벗어난 비운의 영웅이었고, 그의 생애는 '무사 정치의 종언', '근대 일본의 탄생'이라는 두 축 사이에서 가장 상징적인 전환을 보여주는 역사적 인물이었다.

5   오쿠보 도시미치 (大久保利通, 1830~1878, 48세)

오쿠보 도시미치

오쿠보 도시미치(大久保利通)는 사이고 다카모리와 동향으로 메이지 유신의 실질적 행정 설계자로, '유신3걸'로 불리는 인물이다. 그는 번 내의 하급 무사 출신으로, 조용한 성격이지만 내면에 강한 결단력을 지닌 실용주의자로 평가된다. 메이지 유신의 행정 실무를 주도했고, 유신 이후 신정부의 중앙집권화와 산업화, 근대적 관료제 수립에 핵심적인 기여를 했다. 유신 직후 실권자로 군림했지만, 점차 강압적 정책과 중앙집권 노선에 대한 반발로 암살당하며 생을 마감했다.

오쿠보는 철저한 실용주의자이자 근대국가 건설에 유럽식 모델을 중시한 개혁가였다. 그는 유신 이후 천황제를 유지하되, 관료 중심의 국가 운영체계를 강화하고, 서구 제도를 적극 수용하여 일본을 '부국강병'의 길로 이끌려 했다. 유신 전기에는 사이고와 함께 존왕양이를 표방했지만, 점차 근대화 실천론으로 전향하여 현실주의 노선을 걷는다.

그는 농업 기반 경제에서 탈피하여 상공업과 산업화를 통한 국가 경제의 재구성을 주장했고, 관료제와 세제 개편, 토지세 제도 정비 등을 통해 근대국가의 구조를 체계화했다. 또한 외교에 있어서는 불평등조약 개정을 위한 장기적 기반 마련에 노력했다.

그의 주요한 업적은 다음과 같다.

삿초동맹 조율자 역할: 사이고가 조슈와의 군사적 신뢰를 구축하는 데 전면에 나섰다면, 오쿠보는 후방에서 사쓰마의 실무와 전략 조율을 총괄하며 동맹 성립을 위한 분위기를 조성했다. 그는 외교적 중개자이자 정치 설계자로서 중요한 역할을 수행했다.

신정부 조직: 오쿠보는 신정부 설계에 착수하여, '폐번치현', '도쿄천도', '징세제도 정비' 등 핵심 정책을 주도했다. 이는 일본의 중앙집권체제 확립에 있어 결정적 전환점이 되었다.

이와쿠라 사절단 파견과 근대화 전략: 1871~1873년, 오쿠보는 이와쿠라 사절단의 핵심 인물로서 미국과 유럽을 시찰하며 서구 근대화의 본질을 체험했다. 그는 이를 통해 일본의 산업화 방향을 재구성했고, 귀국 후 정한론을 반대하며 내치 우선 정책을 강하게 주장했다.

정한론 논쟁과 사이고와의 결별: 귀국 후 사이고 다카모리와 정한론을 둘러싸고 충돌했고, 결국 사이고의 하야를 유도한다. 그는 당시 일본이 외교 분쟁보다 내치 기반을 다져야 한다는 점에서 외교보다는 산업과 교육, 행정 정비를 우선시했다.

관영 산업육성과 '관영 모범공장' 운영: 오쿠보는 메이지 정부 내 산업개발 장관으로서 실질적으로 일본 산업화를 이끈 주역이었다. 그는 토미오카 방직공장 등 관영 공장을 설립하여 서양식 기술을 도입하고, 이를 민간에 이양하는 정책을 통해 산업 기반을 닦았다.

그러나 오쿠보는 강력한 중앙집권화 정책과 과세 강화, 지역 엘리트의 배제 등으로 하급 무사 출신 및 구번 출신 정치세력의 반감을 샀다. 결국 1878년 5월 14일, 도쿄 가스미가세키(霞が関)의 이마미야바시(今宮橋) 부근에서 사쓰마 출신 불만 사무라이 6인에게 암살당했다. 오쿠보는 머리와 목을 여러 차례 베이는 참혹한 방식으로 살해되었지만, 시신은 손을 가지런히 모은 자세로 발견되어, 그 단호한 성격과 죽음을 상징적으로 전했다고 한다. 오쿠보 암살의 주범은 시마다 이치로(島田一郎)로 사이고파 무사 출신으로 오쿠보의 독재에 반발하여 암살했다고 하며, 체포 후 사형당했다. 그 외에도 공범 6명이 모두 사쓰마번 출신 무사들로, 자신들은 '정의로운 복수'라며 자수하고 처벌받았다. 그가 암살당했던 도쿄 미나토구 가스미가세키 3초메 부근에는 "오쿠보 도시미치 최후의 장소(大久保利通終焉之地)"라는 석비가 세워져 있고, 매년 일부 역사 단체에서 추모식이 연다고 한다.

6 시마즈 나리아키라(島津斉彬, 1809~1858, 49세)

시마즈 나리아키라(島津斉彬)는 사쓰마번 제11대 번주로, 에도 막부 말기 일본의 대격변기에 '선구적 개혁가'로서 빛을 발한 인물이다. 그는 1809년에 태어나 1851년 아버지 시마즈 나리오키의 은퇴로 번주의 자리에 오르게 된다. 비록 통치 기간은 짧았지만, 그의 지배 아래 사쓰마번은 일본에서 가장 먼저 근대화를 이룬 지역으로 성장했고, 훗날 메이지 유신의 인재와 기반을 제공하는 중심 번이 되었다.

나리아키라는 유교적 도덕정치를 중시하면서도, 실용주의적 사고를 바탕으로 서양 문물 수용에 전향적인 태도를 보였다. 그는 서구 열강의 위협을 누구보다 빨리 감지하고, '부국강병'을 실현하기 위한 강력한 중앙집권과 산업화 정책을 추진했다. 그의 정책 방향은 철저히 실용적이었다. 서양식 군사 훈련 도입, 화포 제조, 증기선 제작, 유학생 파견, 네덜란드와의 무역을 통한 과학기술 도입 등은 에도막부의 번주 가운데서 유례가 없는 선진적인 시도였다.

그는 1852년, 가고시마에 번영(藩營) 공장을 세워 대포, 무기, 증기선 등 서양식 군수 물자를 생산하기 시작했다. 이는 일본 최초의 국영 군수공업이라 할 만하며, 이후 메이지 정부의 식산흥업 정책과 산업 정책의 모델이 되었다. 또한 그는 하급 무사와 평민에게까지 서양 학문을 학습할 기회를 제공했으며, 사쓰마는 당시 일본에서 가장 높은 교육 수준과 개방적 문화를 지닌 번으로 평가받게 된다.

나리아키라의 가장 큰 정치적 업적 중 하나는 인재 발탁이었다. 그는 사이고 다카모리와 오쿠보 도시미치라는 메이지 유신의 핵심 인물들을 일찍부터 중용하여 사쓰마의 개혁 실무를 맡겼다. 사이고의 도덕성과 충의심을 높이 평가하며 정치적 책무를 맡긴 것은 그의 인재 보는 눈을 잘 보여주는 사례다.

그는 또한 전국적인 개혁 구상에도 나섰다. 에도 막부의 쇠퇴를 우려하던 그는, 히토쓰바시 요시노부를 개혁적 쇼군 후보로 지지하며 도쿠가와 체제의 쇄신을 시도했다. 이를 위해 『정국개혁건백서』를 통해 요시노부의 옹립을 공식 제안했고, 이로 인해 안세이 대옥이라는 정치적 탄압 국면에 놓이게 된다.

하지만 개혁을 향한 그의 열정은 오래 이어지지 못했다. 1858년, 그는 갑작스럽게 병사했는데, 정적에 의한 독살 가능성이 제기될 만큼 그의 죽음은 정치적으로도 큰 충격을 안겼다. 그의 사후, 사쓰마의 근대화 정책은 잠시 정체되었지만, 그가 길러낸 인재들과 제도는 이후 유신의 꽃을 피우게 된다.

그가 남긴 말 중 "학문은 사람을 밝히고, 기술은 나라를 살린다", "일본이 살 길은 문을 열고 스스로를 강하게 만드는 데 있다"는 구절은 그의 정치 철학을 압축적으로 보여준다. 사상과 실용, 도덕과 기술이 조화를 이루는 통치를 지향한 그는, 명실상부한 '미래를 설계한 번주'였다.

그의 정신은 가고시마 현에 남겨진 유적들을 통해 오늘날에도 살아 숨 쉬고 있다. 쇼고슈세이칸(尚古集成館)은 1855년, 세워진 일본 최초의 근대 산업시설로, 서양 기술을 수용한

센간엔에서 본 사쿠라지마

상고집성관 내부

사쓰마의 공업력과 문명개화의 흔적이 고스란히 보존되어 있다. 대포, 유리 제조 기술, 기계 설비 등은 그의 통치 철학이 실제 산업으로 구현되었음을 보여준다.

또한 센간엔(仙巖園)은 시마즈 가문의 정원 및 별궁으로, 외국 사절 접대와 문명 담론의 장으로 사용되었고, 건축과 조경 곳곳에는 '서양 기술과 일본 전통의 융합'이라는 그의 이상이 녹아 있다. 이 두 유산은 단지 관광 명소가 아니라, 시마즈 나리아키라가 구상했던 일본 근대화의 실험장이자, 유신 이전의 비전이 집약된 공간으로 평가받는다.

이처럼 시마즈 나리아키라는 메이지 유신이 현실화되기 이전에 그 청사진을 준비한 인물이었다. 그는 제도 개혁과 인재 양성, 기술 도입과 문화 개방을 병행한 실천적 개혁가였고, 사쓰마번을 일본 근대화의 진원지로 만든 원동력이었다. 그는 유신의 완성을 보지는 못했지만, 메이지 정부가 추진한 핵심 개혁의 다수는 그의 사상과 정책에 뿌리를 두고 있었다.

오늘날 그는 일본 남부 지역에서는 '명군(名君)'으로 추앙받으며, 중앙 정치사에서는 '유신의 설계자'로 기억되고 있다. 그의 삶은 메이지 유신의 사전 서곡이자, '근대를 준비한 번주'의 모범 사례로 평가받고 있다.

7 요코이 쇼난(横井小楠, 1809~1869, 60세)

요코이 쇼난(横井小楠)은 구마모토번 출신의 유학자이자 사상가, 정치가로서, 일본 근대 정치사상 형성에 큰 족적을 남긴 인물이다. 본명은 요코이 다카카즈(横井孝章)로, 1809년 구마모토의 하급 무사 가문에서 태어나 유학에 조예를 깊이 쌓았고, 실학과 서양 근대 사상에 대한 깊은 통찰을 바탕으로 독자적인 정치 철학을 수립했다.

그는 '천하위공(天下爲公)'을 이상으로 삼으며, 군주의 도덕적 지도력과 너불이 백성의 자율적 정치 참여를 주장했다. 이와 같은 사상은 메이지 정부가 추구한 입헌주의와 국민국가 구상의 사상적 밑거름이 되었으며, 유신의 중심 인물들이 그를 '정신적 지도자'로 간주한 데는 그만한 이유가 있었다.

요코이는 유교 윤리를 근간으로 삼되, 서양의 정치·경제 제도, 과학기술의 본질을 정확히 이해하고 이를 일본적 조건에 맞게 변용하고자 했다. 단순한 서구 모방을 넘어, '동양의 도덕과 서양의 기술'을 융합하려 한 그는 일본 사상계에서

보기 드문 '실천적 지식인'이었다. 실제로 이토 히로부미, 기도 다카요시 등 유신 지도자들은 그의 사상을 깊이 흡수하며 유신기의 국가 구상에 반영했다.

젊은 시절 그는 구마모토번에서 관직을 하며 실학적 교육 활동을 펼쳤지만, 기존의 주자학 중심 성리학과 충돌하여 이단으로 몰리게 되었다. 관직에서 파면된 후에도 민간에서 제자 양성과 저술 활동을 이어가며, 유신 세력과의 연계를 확대해 나갔다. 요시다 쇼인과도 교류하며 정치개혁과 국가 방향성에 대한 서신 논의를 이어갔고, 히토쓰바시 요시노부에게는 입헌군주제를 제안하기도 했다. 이는 메이지 유신 이전 일본에서 이미 헌정 정치에 대한 사상적 논의가 진행되었음을 보여주는 중요한 사례다.

메이지 정부 수립 이후 그는 고문으로 등용되었으며, 직접적인 정책 자문에도 참여했다. 그러나 그의 급진적인 개혁안과 반사대적 입장은 보수파와 기존 기득권층의 반발을 샀고, 결국 1869년 교토에서 자객에게 암살당했다. 그의 죽음은 유신 초기 지식인 정치가의 희생이라는 점에서 많은 이들에게 충격을 주었다.

요코이는 학문뿐 아니라 인간적 면모로도 많은 이들의 존경을 받았다. 그는 술을 즐겼던 것으로 유명하며, "정치는 사람의 마음을 다스리는 것이고, 술은 그 마음을 푸는 것"이

구마모토 성앞에 있는 유신의 군상
중앙에 요코이 쇼난, 왼쪽부터 가쓰가이슈, 사카모토 료마, 마쓰다이라 하루아키, 호소가와 모리히사

라 말하곤 했다. 한 일화에 따르면, 어느 관료들과의 회합 자리에서 혼자 몇 되의 사케를 비운 뒤, "이 나라의 병통은 바로 그대들이라!"며 직언을 서슴지 않았다고 한다. 이는 그가 진심으로 정치를 걱정했던 인물임을 상징적으로 보여주는 일화로 남아 있다.

그가 남긴 명언 중에는 "정치는 도덕을 바탕으로 해야 하며, 법은 도덕을 보완하는 수단이다", "사람의 마음을 이롭게 하지 않는 개혁은 허망한 법치일 뿐이다"라는 말이 있다. 그의 대표 저술인『국정비지(国是備旨)』는 일본 근대 정치의 방향성과 입헌정치 구상의 핵심 내용을 담고 있어, 메이지 헌법의 간접적 사상적 기반으로도 평가된다.

결론적으로, 요코이 쇼난은 메이지 유신의 '숨은 설계자'로 불릴 만한 인물이다. 그는 직접 권력을 쥐지는 않았지만, 유신의 철학과 제도 설계에 깊은 영향을 미친 사상가였으며, 동양과 서양, 도덕과 제도, 이상과 현실을 조화시키려 했던 사상적 종합자였다. 그가 추구한 '말과 삶의 일치'는 당시 유신 정치가들에게 깊은 감화를 주었으며, 그의 정신은 오늘날까지도 '이상적 지식인의 상'으로 회자된다.

그는 일본이 근대국가로 나아가는 길목에서, 유교적 윤리와 근대 정치 철학을 연결해낸 드문 사상가였으며, 그 영향력은 사망 이후에도 일본의 헌정 질서와 교육 제도에 길게 이어졌다. 요코이 쇼난은 시대를 앞선 개혁가였으며, 실천적 지성의 표본으로 기억될 인물이다.

8 에노모토 다케아키 (榎本武揚, 1836~1908, 73세)

에노모토 다케아키(榎本武揚)는 에도 막부 말기부터 메이지 시대에 이르기까지, 일본의 격동기를 대표하는 인물이다. 그는 막부의 마지막 해군 지도자였으며, 일본 역사상 최초의 공화정 체제인 에조 공화국의 총재로도 잘 알려져 있다. 하지만 그는 메이지 정부의 고위 외교관으로 다시 기용되어 일본의 근대적 외교 기반을 구축한 인물이기도 하다.

에노모토 다케아키

철갑함 코테츠

제5장 유신의 정치적 리더들

1836년, 에도에서 하타모토 가문 출신으로 태어난 에노모토는 어려서부터 학문에 뛰어났다. 막부가 서양식 해군 체계를 도입하기 위해 설립한 나가사키 해군전습소와 쓰쿠지 해군소에서 해군술과 네덜란드어, 서양 과학 등을 익혔다. 그의 재능은 곧바로 인정받아, 막부의 해군 관료로 발탁되었고, 1862년에는 막부의 지원으로 네덜란드 라이덴 대학교에 유학하게 된다. 그는 이곳에서 해군 기술뿐 아니라 국제법, 정치학 등 서양 학문 전반을 깊이 있게 배우며, 일본인으로서는 매우 이례적인 서구 교육을 경험하게 되었다.

귀국 후, 에노모토는 막부 해군의 중추를 담당하게 되었고, 해군 총재로 임명되어 근대식 해군을 정비했다. 그러나 1868년 1월, 보신전쟁이 발발하고 도쿠가와 요시노부가 신정부에 항복한 이후에도, 그는 남은 해군 세력을 이끌고 항전을 결의하였다. 1868년 10월, 막부 해군의 주력함대 (카이요마루를 포함한 8척의 함선과 2천명)를 이끌고 홋카이도 하코다테에 상륙하여, 고료가쿠[五陵郭]에서 구 막부 세력과 함께 '에조 공화국'을 선포하고 총재로 선출되었다. 에조 공화국은 일본 최초의 공화제 정부로, 총재제를 중심으로 한 선출제 정부 구조를 갖추었고, 이는 서양식 정치 체제의 영향을 반영한 것이었다.

그러나 1869년 5월, 신정부군과의 하코다테 전투에서 패배하면서 에조 공화국은 붕괴되었고, 에노모토는 항복 후 투옥되었다. 하지만 그의 풍부한 학문적 소양과 유럽 유학 경험, 국제 감각은 신정부 내에서도 주목받았고, 결국 1872년 사면되어 메이지 정부의 관료로 복귀하게 된다. 이는 구 막부에서는 매우 이례적인 일이었고, 에노모토가 지닌 인격과 실력의 상징이기도 했고, 메이지정부의 인재등용책의 상징이기도 했다.

에노모토 다케아키의 사면 과정에는 일본 개화기의 대표 사상가이자 실용주의 계몽주의자인 후쿠자와 유키치의 적극적인 중재와 후원이 결정적인 역할을 했다. 1869년 5월, 에조 공화국의 붕괴와 함께 에노모토는 신정부군에 항복하고 도쿄로 압송되었다. 그는 구 막부 세력을 대표하는 무장 지도자였기에 당시 신정부 내에서는 그를 반란 수괴로 간주하고 엄벌에 처해야 한다는 의견이 지배적이었다. 처형의 가능성까지 거론될 만큼, 그의 처우는 일본 정부의 정통성과 권위와도 관련된 민감한 사안이었다.

이러한 상황에서 후쿠자와 유키치는 정치적 입장을 떠나 에노모토의 국제 감각과 실용적 능력에 주목하였다. 그는 에노모토가 네덜란드 유학을 통해 국제법과 외교, 서양 해군술에 정통한 인물이라는 점을 강조하며, 일본 근대국가 건설에 반드시 필요한 인재라고 평가했다. 후쿠자와는 자신의 영향력과 언론매체, 그리고 인적 네트워크를 활용해 에노모토의 사면을 위한 여론을 조성했다. 특히 자신이 창간한 신문 『시사신보(時事新報)』를 통해 간접적으로 에노모토의 자질과 식견을 홍보하였으며, 정부 고위 관료들에게도 개인적으로 그의 구명을 요청했다.

후쿠자와는 실력주의에 입각한 인재 등용을 지지한 인물이었으며, 이는 에노모토의 생명과 이후의 정치적 생애를 바꾸는 데 결정적인 계기가 되었다. 그 결과, 1872년 1월, 메이지 정부는 에노모토를 공식적으로 사면하고, 외무성에 기용하게 된다. 사면 이후 에노모토는 외교관으로서 러시아와의 국경조정(1875년 5월, 사할린-쿠릴조약), 국제법 도입 등에서 중대한 업적을 남기며 국가에 큰 공헌을 하게 되었다. 이 조약으로 일본은 사할린전체를 러시아에 양도했고, 러시아는 쿠릴열도 전체를 일본에 양도했다.

후쿠자와는 생전에 에노모토와 특별한 개인적 친분이 있었던 것은 아니지만, 시대를 보는 시각과 인재에 대한 안목에 있어서는 공통점을 지닌 인물이었다. 후쿠자와는 에노모토를 "국제 감각을 갖춘 국가 인재"로 높이 평가했으며, 그의 생존과 등용은 실력 중심의 인재 활용이 일본 사회에 정착되는 데 있어 하나의 상징적 사건이 되었다. 이처럼 에노모토 다케아키의 사면은 후쿠자와 유키치라는 지식인의 통찰력과 행동력이 만들어낸 결과로, 메이지 초 일본 사회에서 실력과 지식이 정치적 원한보다 우선될 수 있었던 특별한 사례로 평가된다.

이후 그는 메이지 정부 내에서 농상무대신, 통신대신, 교육대신 등 여러 내각 직을 역임했다. 에노모토는 이 외에도 유럽식 국제법과 외교 문서 체계를 일본에 정착시키는 데 기여했으며, 불평등 조약 개정 논의에도 실무적으로 관여했다. 또한 중남미 국가들과의 국교 수립에도 앞장섰으며, 당시 일본 외교의 지평을 아시아에서 전 세계로 확대시키는 데 기여했다.

그는 실용주의적 외교 노선을 추구하였으며, 과거의 정치적 소속에 얽매이지 않고 새로운 시대에 능동적으로 적응한 대표적인 정치인이다. 구 막부의 충성된 무사에서 메이지 정부의 외교 주역으로 전환한 그의 생애는, 격동기의 일본에서 어떻게 개인이 시대의 변화를 받아들이고 새로운 역할을 수행할 수 있었는지를 잘 보여준다.

에노모토 다케아키는 1908년, 73세의 나이로 생을 마감하였고, 그의 공로를 기리며 국장이 치러졌다. 그는 일본 해군의 발전과 더불어 외교 기초를 다진 인물로서, 이후 일본의 제국주의적 외교와는 성격이 다른, 초기의 평화적이고 실리적 외교의 상징으로 남아 있다.

9 후쿠자와 유키치(福澤諭吉, 1835~1901, 66세)

후쿠자와 유키치

후쿠자와 유키치(福澤諭吉)는 일본의 대표적인 계몽사상가이자 교육자, 언론인이며, 메이지 유신기의 근대 정신을 형성하는 데 결정적 역할을 한 인물이다. 그는 오사카에서 태어났으나 나카츠번(中津藩) 출신의 하급 무사 가문에서 성장했으며, 젊은 시절 오사카의 데키주쿠(適塾)에서 네덜란드 의학과 서양 학문을 익히며 학문적 기반을 다졌다.

그는 막부의 해외 사절단에 통역관으로 참여하면서 미국과 유럽을 직접 시찰할 기회를 얻었고, 귀국 후에는 그 경험을 바탕으로 일본 사회에 '개화(開化)'라는 새로운 정신을 전파하기 시작했다. 그의 서양 체험은 단순한 지식의 습득을 넘어, 일본 사회의 체질 개선을 위한 철학적 통찰로 이어졌으며, 이후 일본 근대화의 사상적 기틀을 마련하는 데 결정적 역할을 하게 된다.

1860년대 후반, 그는 에도(지금의 도쿄)에 사설 학교인 게이오기주쿠(慶應義塾)를 설립했다. 이 학교는 단순한 학문 교육 기관이 아니라, 인격의 자립과 실천적 사고를 중시하는 근대 시민 육성의 산실이었으며, 훗날 게이오 대학으로 성장한다. 후쿠자와는 "국민의 지식이 곧 국방이다"라는 말을 남기며, 무력이 아닌 지식의 힘이야말로 국가의 미래를 지키는 핵심이라고 주장했다.

그의 대표 저서 중 하나인 『학문의 권장(学問のすすめ)』은 "하늘은 사람 위에 사람을 만들지 않고, 사람 밑에 사람을 만들지도 않았다"는 문구로 시작되어, 일본 국민에게 평등, 자조, 지식의 가치를 강조하며 엄청난 영향력을 끼쳤다. 또한 『서양사정(西洋事情)』, 『문명론의 개략』 등의 저술을 통해 유럽의 제도, 정치, 문화, 과학을 체계적으로 소개하며 일본 지식인 사회에 신선한 충격을 주었다.

후쿠자와가 주창한 가장 핵심적인 이념은 바로 '독립자존(独立自尊)'이었다. 그는 국가의 독립은 국민 개개인의 자립과 정신적 주체성에 달려 있다고 보았으며, 이를 실현하기 위한 방편으로 교육과 언론의 역할을 중시했다. 1879년, 그는 『시사신보(時事新報)』를 창간하여 정치 비평과 사회 논평을 통해 대중의 의식을 고양하고, 정부의 일방적인 권위주의에 대해 건전한 비판 문화를 조성했다. 이는 일본 언론의 효시로 평가된다.

한편, 그는 조선의 개화파 인물들과도 깊은 인연을 맺었다. 박영효, 김옥균, 서광범 등 조선의 젊은 개혁가들이 일본으로 망명했을 때, 후쿠자와는 그들을 게이오기주쿠에 받아들이고 학문과 사상을 전수하며 그들의 자립을 적극 후원했다. 그는 조선이 자주성을 확보하려면 서양 문물의 철저한 수용과 제도 개혁이 필수적이라고 보았으며, '탈중화론'을 주장하여 조선이 중국의 전통적 질서에서 벗어나야 함을 강조했다.

이러한 그의 입장은 『시사신보』를 통해 적극적으로 발신되었고, 갑신정변(1884)의 이념적 배경 형성에도 깊은 영향을 주었다. 그는 조선의 개화를 일본의 사명으로 인식한 대표적인 지식인이었으며, '후쿠자와 계열 개화론'은 조선 지식인들 사이에서 실질적인 개화노선의 한 축으로 자리잡게 된다.

후쿠자와 유키치는 일본이 근대국가로 도약하는 과정에서 제도 개혁보다 먼저 '국민의 정신 개조'가 필요하다고 주장한 인물이다. 그는 누구보다 교육의 힘을 믿었고, "배우고 생각하는 국민만이 스스로를 지킬 수 있다"고 믿었다. 그의 사상은 계몽의 언어로 시작되었지만, 결국에는 일본인의 자아 형성 과정에 깊이 스며들어 일본 교육과 시민정신의 근본적 기반을 형성했다.

그는 사후에도 일본 사회에서 지대한 존경을 받았고, 1984년부터는 일본 최고액권인 1만 엔 지폐의 초상 인물로 채택되어 오늘날까지도 '근대 일본 정신의 상징'으로 자리매김하고 있다. 단순한 학자나 교육자를 넘어, 그는 일본 국민에게 근대화란 무엇이며, 국가와 개인은 어떤 관계를 맺어야 하는가를 고민하게 한 '정신적 지도자'였다.

결론적으로, 후쿠자와 유키치는 일본 근대사에서 '정신의 개혁자'로 불릴 만한 인물이다. 그는 제도의 변화보다 먼저 국민의 자각을 추구했으며, 일본이 서양 제국과 어깨를

후쿠자와 초상이 들어간 만엔권

〈문명론개략〉
후쿠자와 유키치, 성희엽 옮김

나란히 하기 위해 무엇이 필요한지를 통찰했던 선각자였다. 그의 정신은 오늘날에도 '자유', '자립', '지식'이라는 가치를 통해 일본 사회 속에 살아 숨 쉬고 있다.

10 토마스 블레이크 글로버
(Thomas Blake Glover, 1838~1911, 73세)

토마스 글로버 흉상

토마스 블레이크 글로버(Thomas Blake Glover)는 스코틀랜드 출신의 상인이자 외교적 중개인으로, 메이지 유신 전후 일본의 근대화 과정에 깊이 관여한 인물이다. 그는 1859년, 21세의 나이로 영국 상사 자이벨&코(上野洋行)의 직원 자격으로 나가사키에 도착했다. 이후 자신의 이름을 내건 '글로버 상회'를 설립하고 무기, 선박, 기술 등을 일본에 공급하며 유

하나 글로버 가족사진
오른쪽부터 하나 글로버, 장녀 이디스, 남편 월터 베넷, 차녀 메이벨

신기의 경제·기술 기반 조성에 결정적인 역할을 했다.

글로버는 일본의 유신 세력, 특히 사쓰마번과 조슈번 등 반막부 진영과 긴밀한 관계를 유지했다. 그는 단순한 무기 상인이 아니라, 일본의 정치 변화와 외교 전략에 실질적으로 영향을 끼친 인물이었다. 사카모토 료마가 설립한 일본 최초의 주식회사형 무역상사 '가메야마샤쥬(亀山社中)'에 무기와 선박을 공급했으며, 이후 그 조직이 발전한 '가이엔타이(海援隊)'에도 물심양면의 지원을 아끼지 않았다. 그의 저택은 당시 유신 지사들의 비밀 회합 장소로 사용되었고, 이곳에서 료마와의 접촉이 이루어졌다는 간접적 증거도 남아 있다.

무기와 선박 제공 외에도 글로버는 유학생 지원을 통해 일본의 근대화를 실질적으로 견인했다. 1863년, 그는 조슈번의 '조슈 파이브(Choshu Five)'- 이토 히로부미, 이노우에 가오루 등- 의 영국 유학을 비밀리에 주선했고, 1865년에는 사쓰마번의 유학생 19명을 영국에 보내는 데 결정적 역할을 했다. 이들은 귀국 후 메이지 정부의 고위 관료, 총리, 외무대신으로 활약하며 일본의 개혁을 주도하게 된다.

글로버는 당시 조슈정벌과 유신군의 무장에도 깊이 관여했다. 그는 자신의 공급망을 통해 사쓰마·조슈번에 영국제 무기와 증기선, 군함을 대거 제공했으며, 이 무기들이 유신군이 막부를 무너뜨리는 데 핵심적 역할을 했다. 나아가 다카시마 석탄광 개발에 참여하여 일본의 산업 에너지 기반 마련에도 기여했으며, 일본 정부와의 협력을 통해 산업 인프라 확충에도 이바지했다.

이러한 공로로 그는 일본 정부로부터 훈3등 서보장(瑞宝章)을 수여 받았으며, 이는 일본이 외국인에게 주는 매우 드문 훈장 중 하나로, 그를 '일본 발전의 우군'으로 공식 인정한 상징이었다.

글로버는 가정사적으로도 특별한 인물이다. 일본인 여성과의 사이에서 딸 하나(Hana)와 아들 로버(쿠라바 도미사부로, 倉場

富三郎)를 두었고, 이는 당시로서는 이례적인 '국제 가정'의 사례였다. 아들 로버는 일본 국적을 취득하여 아버지의 사업을 이어받으며 일본 산업 발전에 기여했다. 딸 하나는 영국 외교관 토머스 에드워드 베넷과 결혼하여 1890년대 인천으로 이주, 베넷이 조선 주재 영국 총영사로 근무하는 동안 약 40년간 조선에 거주하며 '일본과 조선을 잇는 상징적 인물'로 평가되었다. 그녀는 1930년경 인천에서 생을 마감했고, 인천 외국인 묘지에 안장되어 있다. 이는 글로버 가문이 일본을 넘어 한반도의 외교 현장까지 영향을 미쳤음을 보여주는 중요한 역사적 사례이다.

현재 글로버가 실제로 거주했던 나가사키의 '구라바엔

글로버의 저택

(Glover Garden)'은 일본 국가 지정 중요문화재로 보존되고 있다. 이곳은 일본에서 가장 오래된 서양식 목조 건물이 위치한 곳으로, 유럽식 건축양식과 일본식 정원이 조화롭게 어우러진 공간이다. 글로버 가든은 단순한 관광지를 넘어, 유신기의 국제 교류와 서양 문물 수용을 상징하는 장소로 자리잡고 있다. 이곳에는 푸치니의 오페라 『나비부인(Madama Butterfly)』의 실제 모델로 알려진 일본 여가수 미우라 타마키(三浦環)의 동상도 세워져 있으며, 구라바엔(倉場園)이라는 일본식 발음으로 널리 알려져 있다.

나비부인, 미우라 다마키 상

글로버는 생전에 "무역은 양국의 이해를 이끄는 길이며, 이해는 신뢰를 낳는다", "나는 일본에서 사업을 했지만, 일본의 미래를 믿었기에 돕고자 한 것이다"라는 말을 남겼다. 이는 단순한 상인을 넘어, 일본 근대화의 정신적 조력자였던 그의 삶을 상징하는 표현이다.

결론적으로, 토마스 블레이크 글로버는 메이지 유신의

배후에서 조력자로, 중개자로, 후원자로 활약한 '숨은 실력자'였다. 그는 무역과 산업, 교육, 정치, 외교를 잇는 다리 역할을 하며, 일본이 봉건 질서를 넘어서 세계 속 근대국가로 나아가는 여정에 실질적인 기여를 했다. 오늘날에도 그는 일본인들에게 '일본을 가장 먼저 이해한 외국인', 그리고 '근대화의 친구'로 기억되고 있다.

11 이토 히로부미 (伊藤博文, 1841~1909, 68세)

이토 히로부미(伊藤博文)는 조슈번 출신의 정치가로, 메이지 유신의 실질적 주역이자 일본 근대 정치 체제를 설계한 인물이다. 그는 일본 최초의 내각총리대신(총리)을 역임했으며, 일본 제국헌법의 제정, 내각제도의 창설, 입헌군주제의 도입 등 메이지 국가의 기초를 세우는 데 핵심적 역할을 수행했다. 그러나 동시에 그는 조선의 외교권을 박탈하고 통감부를 설치하는 등 제국주의 침탈의 실행자였으며, 그로 인해 한국의 독립운동가 안중근에게 암살당한 인물이기도 하다.

이토는 1841년 조슈번의 하급 무사 가문에서 태어나, 젊은 시절부터 조슈의 개혁 세력에 참여했다. 1863년, '조슈 파이브'의 일원으로 서구 문물을 체험하기 위해 영국에 밀파되었으며, 이 경험은 그의 정치사상 형성에 결정적인 영향을 미쳤다. 귀국 후 메이지 정부에 참여하여, 일본의 정치·행정·교육 제도를 근대화하는 데 주도적인 역할을 맡았다.

그의 정치 철학은 실용주의와 중앙집권주의에 기반했다. 그는 천황을 국가 통합의 상징으로 삼고, 권위주의적 체제 속에서도 일정한 법제적 틀을 허용하는 '입헌군주제'를 일본에 도입했다. 이토는 독일의 비스마르크 체제를 본보기로 삼아 일본 제국헌법(1889년)을 설계했으며, 이를 통해 천황에게 입법·사법·행정·군 통수권 등 막강한 권한을 부여하는 정치 구조를 구축했다.

내각제도 창설 이후 이토는 초대 총리직을 포함해 총 네 차례에 걸쳐 총리를 역임했다. 그는 정당정치보다는 관료 중심의 국정 운영을 선호했고, 정당 세력과 일정한 거리를 두며 내각 운영의 안정성을 도모했다. 아울러 교육, 경찰, 사법 체계를 정비하고, 신분제 폐지 등 사회 제도 개혁을 적극 추진했다.

대외정책에서는 '부국강병'과 '동아시아 질서 재편'을 목표로 했으며, 특히 조선에 대한 지배를 정당화하고 실행에 옮긴 주역이었다. 그는 1905년 을사조약 체결 직후 초대 통감으로 부임하여 조선의 외교권을 박탈하고, 통감부를 통해 대한제국의 내정을 사실상 장악했다. 그는 '조선의 근대화'를 명분으로 내세웠지만, 실질적으로는 일본 제국의 보호국화와 식민 지배의 기반을 마련한 것이었다.

이토는 "입헌군주제는 황제의 덕과 백성의 질서를 연결

하는 제도이다"라고 주장하며, 자신의 정치 구상을 『헌법기초의변(憲法起草之弁)』에 정리했다. 그는 메이지 헌법 제정의 철학과 구체적 설계 과정을 이 문서에 담아 후세에 전했다.

그러나 그의 이러한 정치적 업적은 조선과 아시아에서는 제국주의 침탈의 상징으로 인식되었다. 1909년 10월 26일, 만주 하얼빈역에서 열차에서 내리던 중 조선의 독립운동가 안중근에 의해 저격당해 현장에서 사망했다. 안중근은 이토를 '동양 평화의 파괴자'로 지목하며, 법정에서 15가지 죄목을 낭독했다. 여기에는 한일 병합의 원흉, 고종 강제 퇴위, 언론·종교·교육·사법의 탄압, 일본 군대의 조선 주둔과 내정 간섭, 을사조약 체결, 그리고 청일·러일전쟁을 통한 침략 행위 등이 포함되었다. 이 암살 사건은 한국 독립운동의 상징적 전환점이 되었으며, 국제 사회에도 일본 제국주의의 침략성을 강하게 알리는 계기가 되었다.

그럼에도 불구하고 이토 히로부미는 일본 내에서는 여전히 '국가를 설계한 위대한 정치가'로 평가받고 있다. 일본의 현대 정치체제와 헌법 전통의 창시자로서 존경받고 있으며, 내각제 도입과 제국의 정치 구조 형성에 대한 공로가 강조된다. 반면, 한국을 비롯한 아시아 국가들에서는 그를 '제국주의 침략의 실현자'로 기억하고 있으며, 안중근 의사의 의거는 지금도 정의로운 저항의 상징으로 자리 잡고 있다.

부록

1. 유신의 길에서 만난 조선인들
- 도조이삼평과 14대 이삼평(李參平)
- 옥산신사와 15대 심수관
- 도고 시게노리(東鄕茂德)
- 치란 카미카제 특공대와 탁경현
- 나가사키 원폭 자료관과 한국인 위령비

2. 탐방 일정

3. 참고문헌

1 유신의 길에서 만난 조선인들

도조이삼평과 14대 이삼평(李參平)

이삼평(?~1655)은 조선 출신 도공으로 일본의 대표적인 도자기 아리타 도기(有田燒)의 도조(陶祖)로 유명하다. 일본 이름은 카나가에 삼페이(金ヶ江 三兵衛)이다. 지금도 14대 직계 자손이 도자기 제작 활동을 하며 가업을 잇고 있다.

이삼평이라는 이름은 당시 '삼병위(三兵衛)'를 '삼평(參平)'으로 표기한 사료가 있는 것과 이삼평 가문에 전해지는 고문서

이즈미야마 채석장

에 이씨라고 기재돼 있는 것을 근거로 1886년 현지의 난학자(蘭 学者) 타니구치 란덴(谷口藍田)이 명명한 것이며 이삼평이 조선에 살던 시절의 이름은 알려지지 않았다.

이삼평은 충청남도 공주시 반포면 출신으로 추정된다. 임진왜란 후 아리타를 포함한 히젠국(肥前國·사가현)의 영주였던 나베시마 나오시게(鍋島直茂)가 조선

도조 이삼평비

에서 철수할 때 피랍된 사기장 중 한 사람으로 일본에서 처음으로 백자(白磁)를 만들었다. 이때 카나가에 삼페이라는 이름도 붙여졌다. 전해지는 설화에 따르면 이삼평은 도자기 생산에 적합한 백토(白磁石)을 찾아 나베시마 영지 여러 곳을 전전했고 아리타 서쪽 지역에 가마를 만들었다. 1616년에 아리타 동부의 이즈미야마(泉山)에서 양질의 백자석을 발견해 텐구다니 가마(天狗谷窯)에서 일본 최초의 백자 산업을 일궜다. 이것이 아리타 도기의 출발점이 됐다.

아리타 용천사(龍泉寺)의 기록에는 1655년 8월 11일에 사망했으며 계명(戒名)은 월창정심거사(月窓淨心居士)로 적혀있다.

이삼평의 묘소는 오랫동안 잊혀 있었는데, 1959년 텐구다니 가마 (天狗谷窯) 부근에서 계명이 새겨진 묘석이 위쪽 절반이 훼손된 채 발견됐다. 현재 묘비는 시라카와 묘지(白川墓地)에 옮겨져 '이삼평 묘'로서 아리타가 지정한 유적으로 남아 있다.

아리타의 도잔신사(陶山神社)에서는 사가번의 시조인 나베시마 나오시게와 함께 '도조(陶祖)' 이삼평을 제신으로 하고 있다. 1917년에는 아리타 도기 창업 300년을 기념해 도산 신사에 '도조 이삼평비(陶祖 李參平碑)'를 건립했다. 도자기 축제인 도기시(陶器市) 개최에 맞춰 매년 5월 4일에는 '도조축제(陶祖 祝祭)'를 열고 있다.

2005년 7월 이삼평 비문에 '1592년 도요토미 히데요시(豊臣秀吉)의 임진왜란 당시 이삼평은 일본에 협조적이었다'라는 문구에 대해 한국 정부가 항의해 '이삼평은 1592년 도요토미 히데요시가 조선에 출병했을 때 나베시마군에 붙잡혀 길 안내 등의 협력을 명령받은 것으로 추정된다'로 수정했다.

아리타 도기의 발상에 대한 고고학적 조사를 통해 1610년대 초반부터 아리타 서부에서 도자기 제작이 시작된 것으로 밝혀졌다. 아리타 도기의 생산과 발전에는 이삼평을 비롯한 조선 출신 도공들이 큰 역할을 한 것은 확실하다. 텐구다니 가마에서 산업으로 창업된 1616년을 기점으로 1916년 아리타 시민들은 그가 가마를 연 300주년을 맞아 비를 세우고 1917년부터 거시적(擧市的)인 도조제(陶祖祭)를 열고 있다. 2016년에는 400주년을 맞아 일본 요업계에서 기념행사도 열었다. 1990년에는 고향인 충남 공주시 반포면(反浦面)에 한일 합동으로 기념비를 세웠다.

옥산신사와 15대 심수관

1597년 8월 13일 시마즈 요시히로는 남원성을 불바다로 만들었다. 남원성의 외곽, 만복사(萬福寺) 터 뒤쪽에 살던 도공들을 집단으로 사로잡아 사쓰마로 보냈다. 당시 남원성에서 끌려온 조선인은 심당길, 박평의 등 17성(沈, 朴, 申, 李, 卞, 林, 鄭, 白, 車, 姜, 陳, 崔, 盧, 金, 丁, 何, 朱) 80여 명이었다고 한다. 그런데 이 배가 거센 풍랑을 만나 표착한 곳이 가고시마 구시키노의 시마바라(島平)라는 인적없는 해변이었다. 이때 살아남은 사람이 43명이라는 기록이 있다. 당시 이들의 리더는 심당길과 박평의였고, 이들은 고향 남원의 산천과 비슷한 오늘날 미야마(美山)라고 불리는 곳에 정착했다. 당시의 이름이 나에시로가와(苗代川)였다. 이들은 낮은 산자락에 둘러싸인 아늑한 이곳에서 땅을 일구고 도자기를 만들며 살았다. 그런데 밤이면 산자락에 불빛이 일어났는데 점을 쳐보니 단군이 이들을 보호하기 위해 밤마다 혼불로 나타나는 것이라

옥산신사

고 했다. 그래서 이들은 그곳에 옥산궁(玉山宮)을 지어 단군을 모시고 고국을 향해 제사를 지냈다. 지금도 양력 15일이면 제사를 지내는데 제기와 장구, 징, 꽹과리 등이 모두 조선 것이라고 했다.

심수관가에 전하는 『사쓰마야기 도감』에는 그때 부르는 노래가 다음과 같이 적혀 있다.

오나리 오나리쇼서(오늘이 오늘이소서)

마일에 오나리쇼서(매일이 오늘이소서)

점그디도 새디도 마라시고(저물지도 새지도 마시고)

새라난(새더라도)

마양 당직에 오나리쇼서(늘 변함없이 오늘이소서)

이 노래는 『청구영언(靑丘永言)』에 나오는 「오늘이 오늘이소서」이다. 여기에서 '더도 덜도 말고 한가위만 같아라'라는 말이 나왔다고 한다.

전쟁이 끝나자 사쓰마번주는 나에시로가와의 조선 도공들에게 영지와 녹을 내리고 이들을 사무라이계급과 동등하게 대우하도록 배려했다. 이후 이들은 안정된 삶 속에서 도자기 제작에 전념하게 되었다.

이들은 조선에서 피랍될 때, 도자기를 만들 때 사용할 흙과 유약을 가져왔는데, 성심으로 도자기를 구운 결과 마침내 백자를 만드는 데 성공했다. 이때 만든 백자를 '히바카리(火

심수관가마

히바카리

ばかり)'라고 했다. 이 백자를 만드는데 사용한 일본 것은 불밖에 없었다는 뜻이다. 지금도 심수관가의 전시실에는 이 '히바카리' 다완 한 점이 전시되어 있다.

도공들은 더욱 열심히 도자기를 구웠다. 그러나 백토를 구하지 못해 백자 대신 철분이 많은 흙을 이용하여 검은 도기인 구로몬(黑物)을 만들었다. 심수관 일행은 백토를 찾아 나섰고, 결국 이부스키 해안가와 기리시마 산중에서 백토를 찾아냈다. 그러나 조선의 백토만은 못해 역시 흰빛깔이 제대로 나오지 않았다. 그들은 연구에 연구를 거듭해서 많은 시행착오를 겪은 다음 백토를 얇게 덧발라 굽는 방법으로 계란색 같은 백자를 만드는 데 성공했다. 대단히 기품 있고 우아한 흰 빛깔의 백자였다. 이것이 시로몬(白物)이라고 불리는 사쓰마 백자의 탄생이었다. 번주는 이 사쓰마 백자를 쇼군에게 헌상하고, 또 여러 다이묘에게도 선물했다. 이렇게 해서 사쓰마 백자가 세상에 알려지게 되었다.

19세기 후반에 접어들면서 사쓰마번에서는 무역 확대, 산업 증진이라는 정책을 적극적으로 펼치게 된다. 이때 미

심수관가(家)

산마을에서는 대규모 백자공장이 세워지고, 12대 심수관이 주임으로 임명되어 찻잔 등 생활자기를 제조하기 시작했다. 이것이 나가사키를 경유하여 아리타 자기와 함께 구미지역으로 수출돼 막대한 이익을 안겼다. 번의 새징위기를 타개하는 중요한 재원이 되었다. 그러나 메이지 유신이 일어나면서 1871년 폐번치현에 의해 번이 없어지고, 번요(藩窯)가 폐쇄되자 도공의 후예들은 생활토대를 잃게 되었다.

그럼에도 심당길의 자손들은 개인 가마를 열고 대대로 사쓰마 야키를 지켰다. 12대 심수관은 뛰어난 도공이었다. 그는 항아리 5개를 이어 붙인 높이 약 122㎝의 대형 화병을 1876년 파리만국 박람회에 출품하여 크게 인기를 끌었다.

그는 심수관이라는 이름을 후손들이 대대로 사용하며 가업을 이어가게 했다.

13대 심수관은 교토대 법학과를 나와 총리비서까지 지낸 수재였다. 그러나 아버지 유훈대로 가업을 이어 도공이 되었다. 신식 교육을 받은 14대는 자신의 예술성을 추구해 보겠노라고 도예 그룹전에 창작 도예를 출품하려고 했으나 그의 아버지는 못하게 말렸다. 대드는 아들에게 "네 아들이 도공이 되게 해라. 그게 네가 할 일이다"고 답했다고 한다. 그 아들이 현재의 15대 심수관이다. 14대 심수관이 1965년 첫 방한 때, 서울대 강연에서 학생들에게 말한 일화도 유명하다. 당시 대학은 한일 수교 반대운동으로 들끓었는데, 계란 맞을 각오로 말했다. "당신들이 36년의 한(恨)을 말한다면 나는 360년의 한(恨)을 말해야 한다. 하지만 그렇게 해서는 미래로 나갈 수 없는 것이 아닌가." 강연장은 일순 조용해졌고, 곧이어 눈물바다가 되었다고 한다. 1998년 서울에서 140점의 사쓰마야키가 전시된 '400년 만의 귀향-일본 속에 꽃피운 심수관가 도예전'이 열렸다. 테이프 커팅식에는 김대중 대통령이 참석했다. 그것은 기나긴 세월 이국땅에서 고군분투한 조선 도공 후예에 대한 조국의 환영이었고, 심수관가의 영광이었다.

도고 시게노리(東鄕茂德)

도고 시게노리(東鄕茂德, 1882~1950)는 일본 제국 말기의 대표적인 외교관이자 외무대신으로, 조선에서 일본으로 피랍된 도공 박평의(朴平義)의 후손으로 알려져 있다. 이러한 출신 배경은 도고의 삶과 외교 활동이 일본과 한반도의 역사적 인연과 겹쳐지면서 그의 생애는 일본의 근대화 과정과 한일 관계의 복합적 교차점을 상징한다.

도고 시게노리

박평의는 임진왜란 당시 사쓰마번에 피랍되어 정착한 조선 도공으로, 사쓰마 지역 도자기 산업의 발전에 크게 기여했다. 그는 심수관 가문과 함께 사쓰마야키(薩摩燒)의 기초를 닦은 인물로, 조선식 가마 기술과 고령토를 이용한 백자 및 다기 생산 기술을 일본에 전수했다. 단순한 기술자의 범주를 넘어, 일본 미의식과 조선 도예의 융합을 이루어낸 문화 중개자이기도 하다.

도고 시게노리는 박평의의 후예로, 본명은 박무덕(朴茂德)이다. 그의 아버지 박수승은 도자기 사업을 기반으로 재력

도고 기념관

을 쌓았고, 일본의 도고 가문 명의를 사들여 성씨를 일본식으로 개명했다. 도고는 도쿄 제국대학에서 독문학을 전공한 후, 1912년 외무고시에 합격하여 외교관으로 활동을 시작했다.

그는 독일, 소련 등지에서 대사직을 역임하며 국제 정세에 대한 안목을 넓혔고, 1941년과 1945년 두 차례 외무대신에 임명되었다. 전쟁 발발 직전 미국과의 전쟁을 막고자 외교적 타협을 시도했으나, 군부의 강경론에 밀려 진주만 공습을 막지 못했다. 전쟁 말기에는 소련의 참전과 원자폭탄 투하 등으로 상황이 악화되자, 천황에게 항복을 건의하고 종전을 이끈 주요 인물 중 한 사람이다.

그러나 전후, 그는 극동국제군사재판에서 A급 전범으로

기소되어 금고 20년형을 선고받고 복역하던 중 1950년 병사했다. 비록 전범으로 재판을 받았지만, 종전과 평화를 위한 외교적 노력, 특히 마지막까지 무력보다는 외교적 해결을 고집했던 태도는 오늘날까지도 외교적 평화를 모색한 외교관으로 평가받는다.

개인적으로는 독일계 유대인 여성과 결혼해 한 명의 딸을 두었으며, 그의 사위 도고 후미히코는 일본 외교관으로 활동했다. 후미히코는 특히 1970년대 김대중 납치 사건 당시 주미 일본 대사로서 한일 간 외교 마찰을 조정하며 일정한 역할을 수행했다고 한다.

도고 시게노리의 고향 가고시마에는 그의 생애와 외교 활동을 기념하는 기념관이 설립되어 있으며, 유품과 사진, 문서 자료 등을 통해 그가 걸어간 외교적 행보를 조명하고 있다. 도고는 일본 근대 외교사의 중심에 선 인물로, 그의 생애는 침략과 전쟁, 그리고 외교적 평화 모색이라는 상반된 흐름을 모두 보여주는 복합적인 역사 인물로 남아 있다.

치란 카미카제 특공대와 탁경현

1944년, 일본은 태평양 전쟁 말기에 열세를 만회하기 위해 '가미카제(神風) 특공대'를 조직했다. 이는 폭탄을 장

치란특공평화회관

착한 항공기를 몰고 적 함선에 자살 돌격을 감행하는 전술로, 주로 젊은 학도병들이 동원되었다. 이들 특공대는 규슈 지역을 중심으로 5곳의 주요 출격 기지를 운영했는데 그 중에서도 치란 비행장은 육군 가미카제 특공대의 최대 출격 기지였다. 이 기간에 총 1,036명의 특공대원이 이들 기지에서 출격하여 목숨을 잃었다.

1. 치란 비행장(知覽飛行場, 가고시마현 미나미큐슈시)

이곳은 1945년 오키나와 전투 당시 439명의 특공대원이 출격한 육군 가미카제 최대의 출격 기지였다. 현재는 '치란특공평화회관'이 조성되어, 당시 특공대원들의 유품, 유서, 사진 등이 전시되어 있다.

〈특공비행기〉 모형

2. 반쇼 비행장(万世飛行場, 가고시마현 미나미사쓰마시)

오키나와 전투를 지원하기 위해 사용된 육군 특공대 출격 기지 중 하나로, 현재는 '반세이 특공평화관'이 위치하여 관련 유품과 자료가 전시되고 있다.

3. 가노야 해군 항공기지(鹿屋海軍航空基地, 가고시마현 가노야시)

해군 소속 가미카제 특공대의 주요 기지였으며, 현재는 해상자위대 기지로 활용되고 있다. '가노야 항공기지 역사관'이 설립되어 당시의 기록과 자료들을 전시 중이다.

4. 미야코노조 비행장(都城飛行場, 미야자키현 미야코노조시)

오키나와 전투 지원을 위해 육군 특공대가 출격한 기지로, 현재는 일반 공항으로 전환되었으며, 일부 구역에 당

특공대를 환송하는 여학생들 특공대원 탁경현

시의 흔적이 남아 있다.

5. 쓰이키 비행장(築城飛行場, 후쿠오카현 쓰이키정)

육군 항공기지로, 특공대의 출격 기지 중 하나로 사용되었다. 현재는 항공자위대 제8전술전투비행대가 주둔하고 있다.

이들 기지 중 특히 치란 비행장에서 출격해 전사한 조선인 특공대원은 11명이다. 이들은 대부분 강제 징집되었으나 자발적으로 지원한 경우도 있다. 일본군 내에서 차별과 억압을 견디며 훈련을 받고 전장에 투입되었다.

치란특공평화회관 전시실에는 조선인 특공대원 탁경현(일본명: 미쓰야마 후미히로)이 전시되어 있다. 그는 경남 사천 출신으로, 일본 교토의 리쓰메이칸 중학교를 졸업한 뒤 약학전문학교를 나와 1943년 육군특별조종견습사관 1기로 입대했다. 1945년 5월 11일, 250kg의 폭탄을 장착한 항공기를 타고 오키나와로 출격, 미군 기지에 자살 돌격하여 전사했다. 그는 사후 대위로 2계급 특진했으며, 당시 24세였다. 출격 전날 밤에는 치란의 여관에서 '아리랑'을 부르며 고향을 그리워했다는 일화가 전해진다. 탁경현의 이야기는 후에 '호타루(ほたる, 반딧불이)'라는 영화로 제작되었다.

가미카제 특공대와 관련된 이들 조선인들의 역사는 일본 제국주의의 피지배 아래 놓였던 조선인의 비극적 현실을 상징적으로 보여준다. 이들의 희생은 단순한 전쟁사적 사실을 넘어, 전쟁의 비인간성과 제국주의의 폭력성을 환기시키는 중요한 기억이다. 또한, 한일 양국이 과거를 성찰하고 평화의 가치를 재확인하는 데 있어 소중한 역사적 증언이다.

나가사키 원폭 자료관과 한국인 위령비

나가사키 원폭 투하와 그 기억의 장소인 나가사키 원폭 자료관은, 제2차 세계대전의 말미에 벌어진 핵전쟁의 비극을 상징적으로 보여주는 공간이자, 전쟁과 평화, 인권과 책임의 문제를 동시에 성찰하게 하는 역사적 장소이다.

태평양 전쟁은 1941년 12월 7일 일본의 진주만 기습으로 본격화되어, 1945년 8월 15일 일본의 항복과 함께 막을 내렸다. 일본은 전쟁 초반 동남아시아와 태평양 전역을 장악하며 '대동아공영권'이라는 제국주의적 이상을 내세웠으나, 1942년 미드웨이 해전 이후 전세는 연합국 측으로 급격히 기울었다. 특히 전쟁 말기 일본은 본토 결전을 준비하며 가미카제 특공대 투입과 민간인 총동원을 강행하는 등 절박한 상

원폭자료관

한국인 위령비

황에 내몰렸다.

이러한 상황 속에서 미국은 일본의 조기 항복을 유도하기 위한 방안으로 원자폭탄 사용을 결정했다. 1945년 8월 6일, 히로시마에 투하된 첫 번째 원자폭탄 '리틀 보이'

멈춰버린 시계

로 인해 약 14만 명이 즉사하거나 방사능 후유증으로 사망했다. 이어 8월 9일에는 두 번째 원자폭탄 '팻 맨'이 나가사키에 투하되어 약 7만 명 이상이 사망했다. 애초 목표는 고쿠라였지만 기상 문제로 인해 나가사키가 대체 타깃이 되었다.

나가사키에는 당시 약 7만 명의 조선인이 거주하고 있었다는데, 이들 중 수천 명에서 많게는 1만여 명이 원폭으로 희생된 것으로 추정된다. 이들은 상당수가 조선소, 광산, 군수공장 등에서 강제노동에 종사하던 노동자들이었고, 피해자 중 다수는 신원조차 알 수 없는 상태로 사망했다.

그들의 존재는 오랫동안 침묵 속에 묻혀 있었으나, 2021년 11월 나가사키 평화공원 내에 '한국인 원자폭탄 희생자 위령비'가 건립되며 알려지기 시작했다. 이 위령비는 1994년부터 27년간의 노력 끝에 세워졌고, 매년 8월 9일 한국인 위령

제가 열려 조선인 희생자들을 추모하고 있다. 이는 단순한 추모를 넘어, 제국주의적 전쟁에 희생된 식민지 민중의 고통과 존재를 되새기는 중요한 기억의 장이다.

나가사키 원폭 자료관은 이러한 기억을 계승하고 세계 시민들에게 전쟁과 핵무기의 참혹함을 알리기 위해 조성되었다. 이곳에는 원폭 피해자의 유품, 당시의 파괴된 건물 잔해, 방사능에 의해 변형된 일상 물품, 그리고 원폭의 열과 폭풍에 의해 손상된 사진과 문서 등이 전시되어 있다. 단지 파괴의 기록을 넘어서, 인간이 만든 최악의 무기 앞에서 삶이 어떻게 무너졌는지를 보여주는 강력한 메시지를 담고 있다.

결론적으로, 나가사키의 원폭 투하와 그에 따른 조선인 희생자들의 존재는 일본 제국주의와 식민 지배, 전쟁이라는 역사적 맥락 속에서 고통받은 사람들의 이야기이다. 이들은 전쟁의 이면에서 침묵 속에 있었던 또 다른 피해자이며, 그들의 존재를 기억하고 기리는 것은 단지 과거를 위한 일이 아니라, 현재와 미래를 위한 역사적 책임이자 평화의 실천이다.

2 탐방 일정

1차 (3박 4일) : 하기, 시모노세키, 기타규슈, 가라쓰, 나가사키, 아리타

첫째날		셋째날	
07:25	인천공항 출발	08:30	조식
09:00	후쿠오카 도착		나고야성터
	하기 이동		나고야성 박물관
	하기 도착	10:00	나가사키 이동
	중식		중식
13:00	명륜학사		데지마
	하기 죠카마치(성하마을)	13:40	크루즈 승선
14:30	쇼카손주쿠		타카시마 석탄자료관
	쇼인신사	14:40	군함도
	이토 히로부미저택	16:20	군함도 디지털 뮤지엄
	하기 박물관	17:30	석식
18:30	호텔투숙, 석식 및 온천	19:00	호텔투숙, 휴식

둘째날		넷째날	
07:30	조식	06:30	일본 순교사 성당(신택)
09:00	시모노세키 이동	07:30	조식
10:40	죠후 조카마치 조후 모리저택	09:00	구라바엔
	코우잔지		원폭자료관
12:30	중식		한국인위령비
	고쿠라이동	12:50	중식
14:10	야하타제철소	14:00	아리타 이동
	세계문화유산 비지터센타		이즈미야마 채석장
	사쿠라야마전망대		도잔신사(14대 이삼평)
16:00	가라쓰이동	16:00	후쿠오카로 이동
18:20	호텔투숙, 석식 및 온천	17:30	석식
		21:05	공항이동 출국
		22:35	인천공항 도착

2차 (3박 4일) : 쿠마모토, 기리시마, 가고시마, 치란, 히오키

첫째날		셋째날	
08:00	인천공항 출발	07:30	조식
09:00	후쿠오카 도착	08:30	출발
10:20	구마모토 이동	09:20	치란특공평화회관
12:00	중식	11:30	사이고난슈현창관
13:30	다바루자카 세이난 전쟁 자료관	12:30	중식
	구마모토성	13:40	센간엔
	다카하시 공원		쇼코슈세이칸
16:30	히토요시 이동		가고시마현 레이메이칸
18:10	호텔투숙, 석식 및 온천		사이고다카모리 자살동굴
			시로야마공원
		18:00	호텔투숙, 석식 및 온천

둘째날		넷째날	
07:00	조식	06:30	일본 순교자 성당(선택)
09:00	기리시마 이동	07:30	조식
10:00	시오히타시 온천 료마공원	09:00	히오키 이동
11:00	타츠몬지자카	09:40	심수관도요지 (15대심수관)
12:30	중식		도고시키노리 기념관
13:30	유신후루사토관	11:00	사쓰마 스튜던트 뮤지엄
	오쿠보도시미치 출생지	12:30	중식
	사이고다카모리 출생지	13:30	구마모토 이동
	고려교	19:20	구마모토 공항 출발
16:40	이부스키 이동	21:20	인천공항 도착
18:00	호텔투숙, 석식 및 온천		

3   참고문헌

저서

박훈, 《위험한 일본책》, 에크로스, 2023.
박훈, 《메이지 유신을 설계한 최후의 사무라이들》, 21세기북스, 2020.
박훈, 《메이지 유신은 어떻게 가능했는가》, 민음사, 2014.
마쓰카타 후유코 지음, 이새봄 옮김, 《네덜란드 풍설서》, 빈서재, 2023.
다나카 아키라, 현명철옮김, 《메이지 유신과 서양문명》, 도서출판 소화, 2023.
손일, 《사쓰마와 시마즈 히사미쓰》, 푸른길, 2023.
손일, 《에노모토 다케아키와 메이지 유신》, 푸른길, 2017.
박경민, 《한일 근대 인물기행》, 밥북, 2022.
오욱환, 《격동-메이지 유신 이야기》, 조윤커뮤니케이션, 2022.
성희엽지음, 《조용한 혁명》, 소화출판 2021.
다나가 아키라지음, 김정희옮김, 《메이지 유신》, AK. 2021.
서현섭, 《일본 극우의 탄생, 메이지 유신 이야기》, 2019.
마리우스 B. 잰슨지음, 손일·이동민 옮김, 《사카모토 료마와 메이지 유신》, 푸른길, 2013
함동주, 《천황제 근대국가의 탄생》, 창비, 2009.
조용준, 《메이지 유신이 조선에 묻다》, 도서출판 도도, 2008.
장인성, 《메이지 유신》, 살림. 2007.
박진우, 《근대 일본 형성기의 국가와 민중: 근대 천황상의 형성과 민중》, 제이앤씨, 2004.
장인성, 《장소의 국제정치사상 : 동아시아 질서 변동기의 요코이 쇼난과 김윤식》, 서울대출판부, 2002.
나가이 미치오외, 서병국 옮김, 《세계사의 흐름으로 본 명치 유신》, 교문사 1994.

사료

《해국병담》, 하야시 시헤이 지음, 정성일 옮김, 소화출판. 2024.
《문명론개략》, 후쿠자와유키치, 성희엽 옮김, 소화출판, 2020.
《신론》, 아이자와 세이사이 저, 김종학 역, 세창출판사, 2016.
《특명전권대사 미구회람실기》, 구메구니타케저, 정애경등역, 소명출판, 2011.

도록

《戊辰戰爭》, 下關市立歷史博物館, 2022.
《龍馬がみた下關》, 下關市立歷史博物館, 2018.
《薩長盟約と下關》下關市立長府博物館, 2012.
《東アジアのなかの下關》, 下關市立長府博物館, 1996.
《鹿兒島縣の歷史》, 鹿兒島縣中學校, 2023.
《海峽の幕末維新》, 下關市立歷史博物館, 2018.
《黎明館》, 鹿兒島縣歷史·美術センタ黎明館 2020.
《只一筋に征く》, 知覽特功平和會館, 2024.

대하드라마, 영화

〈료마전(龍馬傳)〉, NHK 대하드라마, 2010.
〈호타루〉, 후루하토 야스오, 2001.

일본 근대화의 명암을 따라
메이지 유신을 걷다

2025년 07월 31일 초판 1쇄 인쇄
2025년 08월 08일 초판 1쇄 발행

지 은 이 손승철
펴 낸 이 한정희

편 집 부 한주연 김지선 양은경 김한별
마 케 팅 유인순 하재일

펴 낸 곳 역사인
출판신고 제406-2010-000060호

주　　소 경기도 파주시 회동길 445-1 경인빌딩 B동 4층
대표전화 031-955-9300 | **팩스** 031-955-9310
홈페이지 www.kyunginp.co.kr | **이메일** kyungin@kyunginp.co.kr

ISBN 979-11-86828-36-6 03910
값 15,000원

역사인은 경인문화사의 자매 브랜드입니다.
이 책은 저작권법에 의해 보호받는 저작물이므로 내용의 일부를 인용하거나 발췌하는 것을 금합니다.
파본 및 훼손된 책은 구입하신 서점에서 교환해 드립니다.